תולדות toldot

Essays zur jüdischen Geschichte und Kultur

Herausgegeben von Yfaat Weiss

Band 15

Yfaat Weiss

Niemandsland

Hader am Berg Scopus

Aus dem Hebräischen von Jan Eike Dunkhase

Vandenhoeck & Ruprecht

SACHSEN Diese Maßnahme wird mitfinanziert durch Steuermittel auf der Grundlage des vom Sächsischen Landtag beschlossenen Haushaltes.

Bibliografische Information der Deutschen Nationalbibliothek:
Die Deutsche Nationalbibliothek verzeichnet diese Publikation in der Deutschen Nationalbibliografie; detaillierte bibliografische Daten sind im Internet über https://dnb.de abrufbar.

Lektorat: André Zimmermann, Leipzig
Satz: textformart, Göttingen | www.text-form-art.de
Druck und Bindung: Hubert & Co. KG BuchPartner, Göttingen
Printed in the EU

Vandenhoeck & Ruprecht Verlage | www.vandenhoeck-ruprecht-verlage.com

ISSN 2198-7327
ISBN 978-3-525-35825-2

Inhalt

Prolog

1934 wurde ein größeres Konvolut an Briefen aus dem Besitz Stefan Zweigs in einer Holzkiste nach Jerusalem verschifft. Mit der Auflage, Teile davon bis zehn Jahre nach seinem Tod unter Verschluss zu halten, hatte der Schriftsteller die Briefe der Jüdischen National- und Universitätsbibliothek überlassen. © The National Library of Israel.

Im Dezember 1933 schrieb Stefan Zweig von Salzburg aus an Shmuel Hugo Bergmann, den Direktor der Jüdischen National- und Universitätsbibliothek in Jerusalem, um ihn zu bitten, der Einrichtung diskret eine Auswahl der in seinem Besitz befindlichen Korrespondenzen einzugliedern: »Ich habe da eine Auslese des wahrhaft Wichtigen gemacht und sie umfaßt neben kleineren Leuten der Literatur so ziemlich *alles* Wesentliche unserer Epoche«. Die Bibliothek, der Zweig diese Auslese übergeben wollte, hatte ihre feste Bleibe rund drei Jahre zuvor auf dem Berg Scopus gefunden, nachdem sie 1925 der neu eröffneten Hebräischen Universität angegliedert worden war. Bergmann, der seine Erfahrungen als Bibliothekar an der Prager Karls-Universität gesammelt hatte und die Jerusalemer Bibliothek seit seiner Einwanderung nach Palästina Anfang der Zwanzigerjahre leitete, hatte Zweig, mit dem er damals schon etwa zwei Jahre in regelmäßigem fachlichem Austausch stand, um die Überlassung von Exemplaren seiner Werke gebeten.

Nun wandte sich Zweig an ihn, im Zweifel darüber, ob er angesichts der aktuellen Situation in Österreich noch lange in Salzburg bleiben würde. Der rasante politische Niedergang unter dem im März 1933 installierten autoritären Regime von Engelbert Dollfuß, das Verbot zahlreicher Parteien, etwa der Sozialdemokraten, die Auflösung des Parlaments und die Einführung einer rigiden Pressezensur – und all dies in Anlehnung an das benachbarte Deutschland, wo das Naziregime Schriftstellern zu publizieren verbot – verhieß nichts Gutes. Die allgemeine politische Lage und auch seine eigene familiäre Situation weckten in Zweig den Wunsch, nach London überzusiedeln. In der Zwischenzeit wollte er einen Teil seiner privaten Korrespondenzen an einem sicheren Ort wissen. »Ich glaube ohne jede Überhebung, daß es eine der interessantesten Correspondenzen dieser Zeit darstellt und ein wesenhafter Besitz für Ihre, für unsere Bibliothek wäre.« Bergmann stimmte dem umgehend zu. Zweigs Bedingungen – die Transaktion streng vertraulich zu behandeln und einen Teil des Überlassenen bis zehn Jahre nach seinem Tod unter Verschluss zu halten – waren leicht zu erfüllen. Es galt nur einige wenige Absprachen zum Transport zu treffen, etwa im Hinblick auf vertrauenswürdige Kuriere, die das Material unter Umgehung des riskanten Postwegs direkt überbringen würden.

Nachdem dies geklärt war, traten die Dokumente ihre Reise an. Im Lauf der folgenden zwei Jahre schickte Zweig noch weitere Korrespondenzen. Auf diese Weise erreichten die Bibliothek, die zu jener Zeit noch gar nicht über eine eigene Handschriftenabteilung verfügte, mehrere Hundert Briefe, die Zweig von Romain Rolland erhalten hatte, von Rainer Maria Rilke, Hugo von Hofmannsthal, Arthur Schnitzler und vielen anderen. Den Empfang der letzten Briefe bestätigte in Jerusalem schon Gotthold Weil, der im Oktober 1935 Bergmanns Amt übernommen hatte. Zweig lebte zu dieser Zeit bereits in London.

Für Weil, der 1919 die Orientalische Abteilung der Preußischen Staatsbibliothek zu Berlin gegründet und dann einige Jahre geleitet hatte, war dies das erste Jahr in Jerusalem. Er war nach Palästina emigriert, nachdem er infolge des nationalsozialistischen Gesetzes zur Wiederherstellung des Berufsbeamtentums seine Professur für Semitische Philologie an der Universität Frankfurt verloren hatte. Zum Direktor der Jerusalemer Bibliothek wurde er ernannt, nachdem sein Vorgänger Bergmann zum ersten Rektor der Universität gewählt worden war. Aufgrund seiner Expertise in türkischer und arabischer Philologie bekam Weil zugleich eine Stelle am Institut für Orientalistik. Ende 1939 wandte sich ein Mann an ihn, dem es nach Kriegsausbruch gelungen war, von Deutschland nach Palästina zu gelangen, und der in seinem Reisegepäck drei große Kisten mitführte, die ihm Ismar Elbogen, einer der Vorsitzenden der Hochschule für die Wissenschaft des Judentums in Berlin, zur Übergabe an Weil anvertraut hatte. Elbogen, der es im selben Jahr noch schaffte, in die Vereinigten Staaten zu emigrieren, autorisierte Weil, die Dokumente zu erschließen und in die Obhut der Nationalbibliothek zu geben. Weil reagierte jedoch sehr zögerlich. Zur Zeit des Zweiten Weltkrieges hielt er es, wie er zwei Jahrzehnte später schrieb,

»für das Wichtigste, vor allem *die* Arbeiten zu fördern, die geeignet waren, den inneren Aufbau der Bibliothek zu stärken, die tagtäglichen Erfordernisse der Hebräischen Universität, ihrer Dozenten und Studenten zu erfüllen, und den Wünschen des grossen Publikums im Lande nachzukommen, das aus Büchermangel auf unsere Zentralbibliothek angewiesen war. So musste, wie immer, das Erwünschte vor dem Notwendigen zurückstehen.«

Weil war zu jener Zeit mit der Prüfung und Sortierung Hunderter von Kisten beschäftigt, die Monat für Monat auf dem Scopusberg eintrafen und umgehend in die Bibliothek eingegliedert werden mussten. Als er nach Kriegsende Elbogens Sendung öffnete, erkannte er, dass er einen wahren Schatz vor sich hatte. Neben dem Vermächtnis des weniger bekannten jüdischen Orientalisten Martin Schreiner enthielten sie die Nachlässe von Moritz Lazarus und Leopold Zunz, den Gründervätern der Wissenschaft des Judentums. Diese Konvolute waren erste Keimzellen einer Handschriften- und Archivabteilung, die an der Hebräischen Universität de facto erst in den 1960er Jahren gegründet wurde.

Elbogens Entscheidung, jene drei Kisten von der Berliner Hochschule für die Wissenschaft des Judentums an die Jüdische National- und Universitätsbibliothek in Jerusalem zu überführen, überrascht kaum. Als er die Hebräische Universität 1928 anlässlich einer Gastvorlesung besuchte, hinterließ sie bei ihm einen starken Eindruck, der sich bei einem weiteren Besuch 1938 noch verfestigte. »Antizionismus«, schrieb er in seiner *Geschichte des neuzeitlichen Judentums,* die er Mitte der Dreißigerjahre in Berlin begann und im New Yorker Exil abschloss, »gehört einer vergangenen Phase der Geschichte an.« Weniger selbstverständlich war die Entscheidung Stefan Zweigs, seine Briefe auf den Berg Scopus zu schicken, zu denen er in einem weiteren

Schreiben an Bergmann bemerkte, dass er sich »doch nicht recht als Besitzer« fühle, »sondern gleichsam verantwortlich für den geistigen Wert«. Schließlich hatte Zweig selbst nie den Weg nach Jerusalem gefunden, und ein Zionist war er ganz gewiss nicht. Im Februar 1918, kurz nach der Balfour-Deklaration, bemerkte er in einem Brief an Martin Buber, er sei »ganz klar und entschlossen, je mehr sich im realen der Traum zu verwirklichen droht, der gefährliche Traum eines Judenstaates mit Kanonen, Flaggen, Orden, gerade die schmerzliche Idee der Diaspora zu lieben, das jüdische Schicksal mehr als das jüdische Wohlergehen«. Die Nachlässe in Elbogens Kisten hätten, als Weil sie nach Kriegsende zu erschließen begann, unter normalen Umständen in der zweiten Hälfte der 1940er Jahre der wissenschaftlichen Öffentlichkeit zugänglich gemacht werden können. Im Falle der kostbaren Briefsammlung Zweigs wäre dies gemäß seiner Verfügung ab dem Jahr 1952 möglich gewesen, ein Jahrzehnt nach seinem Freitod im brasilianischen Exil. Zu jener Zeit jedoch befand sich die Bibliothek samt all ihren Schätzen bereits seit gut vier Jahren in der Geiselhaft eines politischen Konflikts. Eine »Bibliothek in der Galut« nannte Bergmann sie, als er 1952 die traurige Situation jener Einrichtung beschrieb, die dem arabisch-israelischen Krieg zum Opfer gefallen war und sich seither außerhalb der Reichweite der Gelehrten befand, zwischen den Fronten in einer von der UNO kontrollierten entmilitarisierten Exklave inmitten von transjordanischem Hoheitsgebiet, als Teil des provisorischen Status quo nach dem Krieg von 1948 und der Teilung Jerusalems. Das Schicksal der Kulturgüter nach der Verwirklichung jenes »gefährliche[n] Traum[s] eines Judenstaates mit Kanonen, Flaggen, Orden« ist das Thema des vorliegenden Essays.

Ein anderes Heiligtum

Die feierliche Grundsteinlegung der Hebräischen Universität auf dem Berg Scopus am 1. April 1925. »Könnte es einen geschichtsträchtigeren Ort geben«, fragte Lord Balfour in seiner Ansprache. © Library of Congress, G. Eric and Edith Matson Photograph Collection.

Die Versuchung ist groß, die Geschichte der Hebräischen Universität im Jahr 1948 als von Beginn an feststehenden Schlussakt eines Dramas zu lesen, in dem sich Zerstörung und Erlösung mischen. Seit den ersten Initiativen war die Gründung der Universität auf dem Berg Scopus mit einer politisch-theologischen Fracht beladen, die ihre Gründerväter regelmäßig auffrischten, wenn sie die Worte des Propheten Jesaja zitierten: »Denn von Zion wird Weisung ausgehen und des Herrn Wort von Jerusalem.«

Wenngleich der Erwerb des Grundstücks von John Gray Hill während des Ersten Weltkrieges dem Zufallsspiel von Angebot und Nachfrage auf dem lokalen Immobilienmarkt geschuldet war, handelte es sich beim Berg Scopus doch um einen Ort, der von Symbolen des Heiligen nur so strotzte. 1912 schrieb er:

»Von unserem Haus aus bietet sich der, wie ich meine, erhabenste und prachtvollste Anblick der Welt. Von der einen Seite blicken wir herab auf die Heilige Stadt und auf das große Areal, auf dem sich einst der Tempelberg befand [...], und gen Norden erblicken wir unzählige Dörfer des Alten Testaments, Rama, Mitzpa und Michmash. Wir überschauen also ein Land, das größtes menschliches Interesse und tiefste menschliche Gefühle weckt. So werden Sie gewiss verstehen, warum wir so begeistert sind vom Heiligen Land.«

Tatsächlich lassen sich vom Rücken des Scopusbergs, der höchsten Erhebung im Umkreis, biblische Schauplätze überblicken, die für die Geschichte der hebräischen Nation zentral sind. Der frühere britische Außenminister Lord Arthur James Balfour, Verfasser der berühmten nach ihm benannten Deklaration, erinnerte in seiner von Pathos durchdrungenen Rede anlässlich der Eröffnung der Universität im April 1925 vor mehr als 7000 Anwesenden an die besondere Bedeutung des Orts: »Es war dieser Berg, von dem aus die römischen Zerstörer Jerusalems die Belagerung lenkten, die diesem großen Kapitel in der Geschichte des jüdischen Volkes ein Ende setzte. Könnte es einen geschichtsträchtigeren Ort geben?«, sprach Balfour halb fragend, halb proklamierend, als er auf den Nexus zwischen dem Verlust der Souveränität zur Zeit des Zweiten Tempels und der Hoffnung auf deren Wiedergewinnung mit der Gründung der Hebräischen Universität verwies. Im

Wesentlichen dasselbe brachte auch Itamar Ben-Avi zum Ausdruck, der Sohn des Erneuerers der hebräischen Sprache Eliezer Ben-Jehuda, als er in der Jerusalemer Tageszeitung *Do'ar Ha-Jom* (Tagespost) konstatierte: »Titus hat den biblischen Tempel zerstört, Balfour errichtet den neuen Tempel.«

Chaim Weizmann nannte die Universität einen »dritten Tempel«, ebenso der führende Kulturzionist Achad Ha'am. Andere verglichen sie mit Jawne, jenem Ort, an dem der talmudischen Überlieferung zufolge Jochanan Ben-Sakkai und seine Schüler nach der Zerstörung des Zweiten Jerusalemer Tempels ein alternatives religiöses Zentrum schufen. Weizmann selbst betonte bei der Inauguration der Universität, sie richte »ihren Blick auf die Propheten und die Weisen, auf jene, die auf den Ruinen des jüdischen Staates die Akademien von Jawne, Nehardea und Pumbedita errichteten«. Mit religiösen und messianischen Sehnsüchten war jenes säkulare kulturelle Projekt, das sich Universität nannte, zweifellos reichlich ausgestattet. Selbst ein Mann der Tat wie Arthur Ruppin, der Leiter des Palästina-Amts in Jaffa, zeigte sich von hehren Gefühlen ergriffen, als er am Tag der Eröffnung des Instituts für Jüdische Studien im Jahr zuvor in sein Tagebuch schrieb:

»Die Tatsache, daß nunmehr wirklich der erste Anfang der Hebräischen Universität gemacht ist, machte auf mich großen Eindruck. Vielleicht ist dies doch ein historischer Tag, vielleicht wird doch von Zion eine neue Lehre ausgehen und der Menschheit neue Wege weisen.«

Ein Jahrzehnt nach der feierlichen Eröffnung der Universität hatte der Berg Scopus mit seinen Einrichtungen eine zentrale Stellung im Bewusstsein der politischen Führungsschicht erobert, er begann die eigentlich religiösen heiligen

Stätten zu überschatten. Deutlich wird dies an der Reaktion der Jewish Agency auf die Empfehlungen der königlich britischen Untersuchungskommission für Palästina (Peel-Kommission) im Jahr 1937, die neben der Teilung des Landes in einen jüdischen und einen arabischen Staat vorschlug, Jerusalem und Umgebung als Teil einer Sonderzone unter britischer Mandatsverwaltung zu belassen. Die Jewish Agency erarbeitete daraufhin einen Gegenvorschlag zur Teilung der Stadt, den sie 1938 der neu eingerichteten Teilungskommission (Woodhead-Kommission) vorlegte. Mit der Unterstützung von Weizmann und Ben-Gurion enthielt sich ihre Exekutive dabei überraschenderweise jeglicher Forderungen im Hinblick auf die Jerusalemer Altstadt, verzichtete also bewusst auf die heiligen Stätten, um gleichzeitig in aller Entschiedenheit dafür zu plädieren, den Berg Scopus dem von ihr beanspruchten Westteil der Stadt zuzuschlagen. Angesichts der zu erwartenden internationalen Distanzierung und der mangelnden Aussicht, die Altstadt für sich zu gewinnen, neigten die Schlüsselakteure dazu, sich mit Ersatz abzufinden. So erklärte bei den Beratungen etwa Menachem Ussischkin, der Vorsitzende des Jüdischen Nationalfonds: »Der Scopusberg wird zum kulturellen Zentrum des jüdischen Volks werden, mit Tausenden von Studierenden und Hunderten von Professoren.« Vorerst blieben dies freilich Visionen. Am Vorabend der Teilung belief sich die Zahl der Professoren unter den weniger als 200 akademischen Angestellten auf lediglich rund 50, die Zahl der Studierenden lag etwas über 1000. Die räumliche Isolierung des Elfenbeinturms im Nordosten der Stadt fand ihre Entsprechung in der tiefen Diskrepanz zwischen den Ansichten eines Teils der innerhalb seiner Mauern Tätigen und der öffentlichen Meinung außerhalb derselben.

Vor allem anderen galt dies für die politische Einstellung der Universitätsangehörigen. Ein großer Teil von ihnen identifizierte sich mit Brit Shalom, jener zur Zeit der Universitätseröffnung gegründeten Vereinigung, die die Idee eines binationalen Staats unterstützte. Als Sprachrohr dieser politischen Haltung fungierte der Kanzler, dann Präsident der Universität, Jehuda L. Magnes. Wenngleich er sich der Organisation nicht offiziell anschloss, da er an der Aufrichtigkeit der pazifistischen Motive ihrer Mitglieder zweifelte, unterstützte er in der Öffentlichkeit aktiv den Gedanken der Binationalität. Entschieden lehnte er jeden Erfolg des politischen Zionismus ab, der auf fremde Einmischung und den Ruf nach Vorrechten unter dem Schutzschirm einer imperialen Großmacht zurückzuführen war. Als die Peel-Kommission 1937 ihren Teilungsplan vorlegte und dieser zum festen Faktor künftiger Szenarien wurde, taten Magnes und seine Mitstreiter alles in ihrer Macht Stehende für die Idee des binationalen Staats. Zu diesem Zweck gründeten sie im Sommer 1942 gemeinsam mit weiteren Kollegen von der Hebräischen Universität die Partei Ichud, um gegen den Plan zur Gründung eines jüdischen Staates zu opponieren, der sich auf der Biltmore-Konferenz abzuzeichnen begann. Magnes' Aktivitäten gipfelten in seiner Aussage vor dem Anglo-Amerikanischen Untersuchungskomitee im März 1946. Ohne von seiner Haltung im Hinblick auf den binationalen Staat abzuweichen, gleichzeitig aber in absolutem Widerspruch zu seiner Unterstützung der Beschränkung jüdischer Einwanderung in den 1930er Jahren forderte Magnes hier das Einwanderungsrecht für 100 000 heimatlos gewordene Juden nach Palästina. Er betrachtete dies als humanitären Akt, der die Forderung nach einem jüdischen Staat erübrigen würde. Magnes' Äußerung als Privatmann und Mitglied des Ichud, nicht in seiner Funktion als Universitätspräsident, wurde in der Presse mit großer Zustimmung aufgenommen. Die private Aussage eines anderen Universitätsangehörigen und Ichud-Mitglieds, Martin Buber, verstimmte die Öffentlichkeit hingegen. Die Tageszeitung *Ha-Boker* (Der Morgen) verglich Bubers vermeintlich im Namen der Universität vorgebrachte Äußerungen sogar mit jener feindlichen Front, die sich zur Zeit des Titus auf dem Berg Scopus formiert hatte.

Am deutlichsten zeigte sich Magnes' politische Grundhaltung in seiner kategorischen Ablehnung jüdischen Terrors. Nachdem er im Sommer 1939 bei einer Busfahrt einem Gespräch zwischen Jugendlichen im Geiste von Simsons selbstmörderischem Racheschwur »Ich will sterben mit den Philistern« (Richter 16,30) gelauscht hatte, schrieb er in sein Tagebuch: »Langsam verfällt das auserwählte Volk im Heiligen Land der barbarischen Primitivität der Wüste.« Eine solche Haltung war an der Hebräischen Universität seinerzeit durchaus verbreitet. An einer von den Studierenden organisierten Demonstration gegen den jüdischen Terror beteiligten sich rund 600 Menschen. Und so war es folgerichtig, dass Weizmann und Magnes sich Ende 1944 darin einig waren, die Ermordung von Lord Moyne durch die Untergrundmiliz Lechi als einen schlimmen Vorfall zu betrachten. Dies entsprach der Einstellung der Universitätsleitung, die terroristische Aktivitäten im Allgemeinen und den Anschlag auf das King David Hotel im Sommer 1946 im Besonderen scharf verurteilte. Magnes blieb dieser Haltung treu, als er zu Beginn des Studienjahrs 1946/47 vor Extremisten warnte, die Zerstörung und Verwüstung brächten. Im Jahr darauf äußerte er seinen Abscheu vor der Entführung und Ermordung von zwei britischen Sergeants durch die Miliz Irgun im Juli 1947, ein Ereignis, das eine lange Reihe weiterer antibritischer Gewalttaten und Racheakte der »Dissidenten«-Organisationen Irgun und Lechi nach sich zog, nachdem die Briten im Februar 1947 ihren Rückzug aus dem Land ankündigten. Dabei wollte Magnes weder die Allgemeinheit noch sich selbst von der

Mitverantwortung für die »Dissidenten« freisprechen. Er weigerte sich allerdings, ihnen das alleinige Anrecht auf den Begriff »Dissidenz« zu überlassen. In seiner Rede zur Eröffnung des Studienjahrs 1947/48 betonte er, es gebe zwei verschiedene Arten von Dissidenz, eine, die er lobe, und eine, die er verdamme; Letztere bedeute, das Joch des Himmelreichs abzuschütteln, während sich Erstere von der Verunreinigung abwende und Reinheit und Aufrichtigkeit liebe. Israel sei »der größte Dissident in der Geschichte der Menschheit«, Dissidenz entspräche mithin dem »innersten Wesen des Judentums«. Zum Schluss seiner Rede – es sollte seine letzte sein – verwies Magnes auf den Zufluchtsort jener Dissidenten, die zu der Zeit gegen die Verunreinigung in ihrem Umfeld opponierten:

»Gott sei Dank, es gibt eine Hebräische Universität im Land, einen Zufluchtsort, einen Tempel, ein kostbares Heiligtum, einen Ort zumindest, wo wir über die Jahre und nach Streit und Diskussion, denke ich, eine Übereinkunft erzielt haben; die Übereinkunft besteht darin, dass die Universität eine *res publica* ist, eine autonome Körperschaft, unabhängig von Staat und *eklesía,* eine Universität, die einerseits integraler Bestandteil des Lebens der Gemeinschaft ist und andererseits eine Dissidentin, getrennt von der Gemeinschaft, insofern sie sich, was immer auch die Mehrheit entscheidet, nicht ihrer Freiheit der Wissenschaft, des Denkens und der Rede entäußern kann.«

Die Hoffnungen, die Magnes – in dem Maße, wie es die Mandatszeit zuließ – in die Universität als *res publica* setzte, schwanden mit der Erlangung der politischen Souveränität. Nach und nach integrierte sich die Universität aus eigenem Antrieb in den Jischuw und unterstellte sich der Autorität der nationalen Institutionen. Mit der Verabschiedung des UN-Teilungsplans am 29. November 1947 endete faktisch die Zeit jener institutionellen Autonomie, die die Lehreinrichtung als »Universität des jüdischen Volkes« genossen hatte. Angesichts ihrer strategischen Lage und der mit der Umsetzung des Teilungsplans einhergehenden geopolitischen Konsequenzen wurde sie gewissermaßen über Nacht äußeren Zwängen unterworfen, während sie von innen her gefordert war, mit den künftigen strukturellen Herausforderungen umzugehen. In einer der Senatssitzungen lautete ein Tagesordnungspunkt: »Die Universität unter dem Zukunftsregime.«

Corpus separatum

Anlässlich der Eröffnung des neuen Studienjahres am 8. Juli 1947 wurde Chaim Weizmann und Jehuda L. Magnes die Ehrendoktorwürde der Hebräischen Universität verliehen. V. l. n. r.: Yitzhak Vilkansky-Volcani, unbekannt, Giulio (Yoel) Racah, Michael Fekete, Chaim Weizmann, (Arie) Leon Simon, Jehuda L. Magnes (stehend), Moshe Schwabe, Naftali Herz Tur-Sinai (Harry Torczyner) und David Werner Senator. Courtesy of the Central Zionist Archives, Jerusalem.

In jenen Tagen war das Regime der Zukunft noch in Nebel gehüllt. Nachdem die britische Regierung ihre Entscheidung bekanntgegeben hatte, das ihr noch vom Völkerbund erteilte Mandat an die Vereinigten Nationen zurückzugeben, wurde im Mai 1947 die UN-Sonderkommission für Palästina (UNSCOP) eingesetzt. Diese wies Jerusalem zum Abschluss ihrer Verhandlungen einen internationalen Status zu und empfahl einstimmig, das Mandat baldmöglichst aufzuheben. Gegen eine Minderheit, die für die Schaffung eines binationalen Staats eintrat, votierte eine Mehrheit von acht Stimmen dafür, auf dem Mandatsgebiet einen jüdischen und einen arabischen Staat entstehen zu lassen und Jerusalem und Umgebung zu einem von diesen beiden Staaten getrennten internationalen Sektor zu erklären, der neutral und der Kontrolle der UNO unterstellt sein sollte. Dieser Entwurf, später bekannt als »der Teilungsplan«, wurde in der zweiten Sitzung der UN-Vollversammlung am 29. November 1947 nur leicht verändert als Resolution 181 verabschiedet. In Abschnitt II wurde bestimmt: »Die Stadt Jerusalem wird als *corpus separatum* unter einem internationalen Sonderregime errichtet und von den Vereinten Nationen verwaltet.«

Etwa 65 000 Muslime und Christen sowie 100 000 Juden lebten damals in Jerusalem. Nach dem Ausbruch der gewalttätigen Auseinandersetzungen infolge des Teilungsbeschlusses waren sie gänzlich von der einzigen Verkehrsverbindung abhängig, die noch zwischen ihnen und den jüdischen Siedlungsgebieten in der Küstenebene bestand. Über mehrere Wochen gelang es den arabischen Bewaffneten immer wieder, die durch dicht arabisch besiedeltes Bergland führende Route zu blockieren, so die Versorgung der jüdischen Bewohner zu unterbinden und dort eine Nahrungsmittelknappheit auszulösen. Unterstützt von den Briten und unabhängigen Einheiten, brachte die Hagana zwischen Dezember 1947 und März 1948 224 Konvois auf den Weg nach Jerusalem, von denen 216 ihr Ziel erreichten. Die Beharrlichkeit der Exekutive der Jewish Agency und der auf sie folgenden provisorischen Regierung war einer von vielen Faktoren, die zur Etablierung von Israels Souveränität in diesem Raum beitrugen. Während der allgemeinen Blockade des hebräischen Jerusalems gab es zwei jüdische Areale in der Stadt, die territorial isoliert inmitten einer arabisch bevölkerten Umgebung lagen: das jüdische Viertel der Altstadt und, im Nordosten der Stadt, den Berg Scopus mit der Hebräischen Universität, der Nationalbibliothek und dem Hadassa-Krankenhaus. Der britische General John Glubb Pasha, Kommandant der Arabischen Legion, hat sie ein Jahrzehnt später in seinen von antijüdischen Affekten eingefärbten Erinnerungen in ihrer ganzen Divergenz beschrieben:

»Die beiden jüdischen Viertel boten in friedlichen Zeiten zwei sehr kontrastreiche Bilder vom heutigen Judentum. Die massiven Häuserblocks des Hadassa-Hospitals auf dem Berge Scopus waren mit den neuesten Apparaturen und Einrichtungen der modernen medizinischen Wissenschaft ausgestattet. Zweihundert Schritt jenseits des Hospitals strömten Scharen barhäuptiger Studenten in die Universitätsgebäude. Im jüdischen Viertel der Altstadt dagegen erfüllten vom Alter gebeugte Rabbis mit langen weißen Bärten noch streng das jüdische Gesetz und die von Moses überkommenen alten Bräuche. Bleiche junge Männer eilten, das Haar in Korkenzieherlocken beiderseits der hohlen Wangen herabhängend, schüchtern durch die engen Straßen.«

Die UN-Resolution beließ das jüdische Viertel im Herzen der Jerusalemer Altstadt samt seiner orthodoxen Bevölkerung umzingelt. Diese wurde von dem Hagana-Kommandanten David Shaltiel aufgefordert, dort zu verleiben und nicht aufzugeben. Auch die Hebräische Universität und das Hadassa-Krankenhaus im Nordosten der Stadt blieben eingekreist, nach allen Seiten hin von arabischen Vierteln und Dörfern umgeben und abhängig von einer einzigen Verkehrsachse, die mitten durch das arabische Viertel Sheich Dscharrah führte. Angesichts der ständigen Angriffe konnte der Transit vom und zum Berg Scopus nur noch mit gepanzerten Konvois vonstattengehen. Versuche der Hagana, die Kontrolle über die Straße zu gewinnen, scheiterten am Widerstand der Briten, die zum Ende des Mandats ihre eigenen Truppen über diese Route abzuziehen gedachten. In der Zwischenzeit, während jüdische und arabische Einheiten um die Verkehrsverbindung kämpften, beschränkten sich die Briten auf punktuelle Präventivmaßnahmen, um direkte Angriffe auf die eigenen Truppen zu verhindern. Ihre Möglichkeiten, die jüdische Seite zu schützen, waren zu diesem Zeitpunkt gewiss nur noch begrenzt; vor dem Hintergrund des jüdischen Terrors schwand aber auch die Bereitschaft hierfür zusehends.

Das im Teilungsplan verkündete Prinzip des *corpus separatum* wirkte sich umgehend auf den verwaisten Campus im Nordosten der Stadt aus. Aufgrund seiner geografischen Lage wurde er zu einer Basis für offensive wie defensive Militäraktionen der jüdischen Truppen, die in den umliegenden arabischen Vierteln kämpften, in Shuafat, Wadi Joz und Issawiya. Die gewalttätigen Auseinandersetzungen, die nach der Verkündung des Teilungsplans ausbrachen, betrafen die Universitätsangehörigen naturgemäß ganz direkt. Sie ließen dabei einen Meinungsstreit sichtbar werden, der schon seit vielen Jahren schwelte, nun aber angesichts der geopolitischen Veränderungen akute Bedeutung erlangte. Den Hauptschauplatz des Konflikts bildeten dabei die Senatssitzungen. So schlug etwa Buber den zwanzig Teilnehmern der Sitzung am letzten Tag des Jahres 1947 vor, man solle in Anbetracht der UN-Beschlüsse über den zukünftigen Status Jerusalems die Oberhäupter der Religionsgemeinschaften darum bitten, weltweit darauf hinzuwirken, »die Internationalisierung Jerusalems zu beschleunigen« – ein Vorschlag, der auf negatives Echo stieß. Der nach einer heftigen Diskussion auf Vorschlag des Archäologen Eleasar Lipa Sukenik formulierte Senatsbeschluss erhielt zwar keine überwältigende Mehrheit, neutralisierte aber Bubers primäres Anliegen weitgehend. Übrig blieb davon nur das Bekenntnis, die Vereinten Nationen dringlich zu ersuchen, »die notwendigen Maßnahmen zu ergreifen, um das Blutvergießen im Heiligen Land unverzüglich zu beenden«. Doch die Universitätsbehörden taten sich schwer, auch nur diese vorsichtige Formulierung öffentlich zu machen. Rektor Michael Fekete war davon überzeugt, dass vor einer Publizierung des Beschlusses die Genehmigung des Exekutivrats der Universität eingeholt werden müsse, den einzuberufen allerdings aus technischen Gründen scheiterte. So kam es zu einer erheblichen Verzögerung, die für Unmutsäußerungen im Senat sorgte.

Bald wurde die Universität von dem allgemeinen Blutvergießen ganz direkt in Mitleidenschaft gezogen. Am Morgen des 16. Januar wurden 17 Studenten getötet, die als Teil einer studentischen Feldeinheit neben Palmach-Leuten zu jener Kolonne gehörten, die den Kämpfern des eingekesselten Siedlungsblocks Gush Etzion zu Fuß Proviant und Medikamente bringen sollte. Dass bei einem einzelnen Vorfall so viele Studenten gefallen waren, sorgte für Entsetzen. Um ähnliche Unglücksfälle in Zukunft zu verhindern, wurde ein allgemeines Regelwerk für die Verteilung des wissenschaftlichen Nachwuchses auf eine Vielzahl von Militäreinheiten erarbeitet. Die wiederholten Vorfälle, bei denen im Rahmen willkürlicher Racheaktionen an den Kämpfen unbeteiligte Juden und Araber ermordet wurden, die sich durch einen unglücklichen Zufall in den falschen Vierteln bewegten, veranlassten Magnes, Buber und den Verwaltungsleiter der Universität, David Werner Senator, schließlich dazu, in Tageszeitungen Stellungnahmen gegen die Gewalttaten zu veröffentlichen. In einem Schreiben, mit dem sich die Autoren direkt an die Bevölkerung Jerusalems und vor allem an die jüdische Öffentlichkeit wandten, verurteilten sie die überhandnehmende »Kriegspsychose« und riefen die jüdische Führung dazu auf, der »Volkswache« – einer während des Krieges zur Aufrechterhaltung der Ordnung in der Stadt aus nicht Wehrpflichtigen gebildeten Freiwilligeneinheit – klare Befehle zu erteilen, um die »schändlichen Angriffe des Mobs« zu verhindern. »Die bedauerlichen Vorfälle der letzten Zeit mögen uns eine Warnung sein!«, heißt es in dem Aufruf. »Lassen Sie nicht die Straße über uns herrschen! Lassen Sie uns nicht mit unseren eigenen Händen die moralischen Grundlagen unseres Lebens und unserer Zukunft zerstören!«

Die Initiative der drei war zum Scheitern verurteilt. Nachdem Bubers Vorstoß nicht als offizieller Aufruf der Universität akzeptiert wurde, stieß auch die gemeinsame Erklärung auf entschiedenen Widerstand. Politische Führungsfiguren des Jischuws versuchten sogar, die Veröffentlichung des Schreibens in der Tagespresse zu verhindern. Bei einem Treffen mit Jitzchak Gruenbaum, Mitglied der provisorischen Regierung und wenig später Israels erster Innenminister, empörten sie sich über die Anfeindungen: »Quislinge« hatte man sie genannt und des »Dolchstoßes« beschuldigt. Gruenbaum nahm sich das Verfolgungsszenario, das die Bewohner des Elfenbeinturms vor ihm ausbreiteten, nicht übermäßig zu Herzen: Ihm persönlich lägen derartige Beschuldigungen fern, versicherte er, zugleich sei er davon überzeugt, dass die Stellungnahme von »Idioten« formuliert worden sei, die »den Kontakt mit dem jüdischen Leben in Palästina« verloren hätten. Als er das Wort »Idioten« hörte, entgegnete Buber, er nehme an, Gruenbaum ziele auf den altgriechischen Begriff. Gemeint war das hebräische *hediot,* das dem altgriechischen Begriff für »Laie« entsprach und dem Wort »Idiot« klanglich ähnelte. Es ist zu bezweifeln, ob Gruenbaum im Hinblick auf die Aktivität der Drei dem semantischen Unterschied eine Bedeutung zugemessen hat. Jedenfalls ließ sich die Veröffentlichung nicht verhindern, da keine derartige Zensur existierte. Die Stellungnahme erschien zwar nicht in *Davar,* aber in der *Palestine Post,* wo sie große öffentliche Empörung erregte.

Umleitung

Der Direktor des Hadassa-Krankenhauses Chaim Yasski versuchte allen Schwierigkeiten zum Trotz den Verbleib des Krankenhauses auf dem Berg Scopus durchzusetzen. Frustriert von der Situation, beklagte er sich über das Scheitern der Briten bei der Sicherung der Zufahrtsstraße. © Yad ben Zvi Photo Archives.

David Senator muss sich in jenen Tagen sehr einsam gefühlt haben. Der in Berlin geborene Nationalökonom hatte kurz zuvor noch zur Exekutive der Jewish Agency gehört, war Schatzmeister und Leiter ihrer Einwanderungsabteilung gewesen. Seit 1937 amtierte er als Verwaltungschef der Hebräischen Universität und führte in dieser Position für mehr als ein Jahrzehnt deren Geschäfte, nachdem der Exekutivratsvorsitzende Salman Schocken nach New York gezogen war und dessen Nachfolger, Sir Arie (Leon) Simon, sich dauerhaft in England aufhielt. Senator war es gewohnt, dass seine Positionen – ebenso wie die seiner Mitstreiter, zuerst bei Brit Shalom und später bei Ichud – als randständig galten, weswegen er 1945 auch die Exekutive der Jewish Agency verlassen hatte. Aber nun geriet er vollends ins Abseits. In seinem unbeirrbaren Aktivismus scheute er keine Mühen, um die zu erwartende Eskalation nach dem Abzug der Briten und der Umsetzung des Teilungsplans zu verhindern. Gleichzeitig bemühte er sich, mit Gleichgesinnten auf der ganzen Welt im Austausch zu bleiben, um sich von ihnen ermutigen zu lassen. Die relevanten Informationen über das Geschehen in Großbritannien übermittelte ihm sein Freund Robert Weltsch, der zwischen dem Ersten und dem Zweiten Weltkrieg in Berlin Chefredakteur der zionistischen Wochenzeitung *Jüdische Rundschau* gewesen war. »Merkwürdigerweise«, schrieb Weltsch Ende Januar 1948 an Senator, »glauben hier alle (d.h. Juden) noch an die Durchführung der UN-Beschlüsse und an die Entstehung des jüdischen Staates. Viele tun, als ob alles programmässig verlaufen müsste, ungefähr so, wie sich das Felix Rosenblueth [Pinchas Rosen] vorstellt. Ich wollte, ich könnte auch so denken«.

Neben anderem versuchte Weltsch in seinen Briefen, Senator für die Sammlung Wiener zu interessieren, und arbeitete diskret darauf hin, diese Sammlung in die Hebräische Universität zu überführen. »Der Mann«, so beschrieb Weltsch die Sammlung von Alfred Wiener, »hat hier eine ziemlich interessante Bibliothek aufgebaut, die alles enthält, was Nazismus, Antisemitismus, Judenfrage, aber auch verwandte Gebiete wie Minoritätsrecht, Verfassungsfragen, Gleichberechtigung usw. betrifft.« Wiener hatte seine Sammlung 1939 gerade noch retten können, indem er sie von Amsterdam nach London transferierte, und sorgte sich nun darum, was nach seinem Tod mit ihr geschehen würde.

Weltsch schwebten verschiedene reizvolle Lösungen vor Augen, etwa eine transterritoriale, bei der die Sammlung physisch in London verbleiben, aber im Rahmen eines akademischen Kooperationsabkommens in den Besitz der Hebräischen Universität übergehen würde.

Die historische Ironie im Hinblick auf diese Lösung stach ins Auge, da ja Wiener selbst sich in der Vergangenheit entschieden gegen die Gründung der Hebräischen Universität eingesetzt hatte. Weltsch konnte sich daher gegenüber seinem Freund einen süffisanten Hinweis auf den Gesinnungswandel jenes Mannes nicht verkneifen, der »vor 20 Jahren ein führender Anti-Zionist« gewesen war und jetzt »ganz benebelt« zu sein scheine »von der Aussicht auf einen Judenstaat«. »So wie viele andere denkt er natürlich, dass wir jetzt einen Staat haben werden, der für alle schönen Sachen sorgen kann.« Senator hob in seiner Antwort an Weltsch hervor, es gebe immer noch Leute, die an einen »englischen Trick« glaubten und der Ansicht seien, »dass die Engländer schliesslich doch hierbleiben« würden. Er selbst halte das aber für »reinen Unsinn«: »Sie könnten das heute gar nicht mehr, selbst wenn sie wollten. Vielleicht wird in Jerusalem irgendeine Ordnung etabliert, – wie ist mir allerdings auch noch sehr zweifelhaft. Vielleicht in gewisser Weise so wie im Lande, d. h. durch faktische Teilung der Stadt.«

Wegen des Unvermögens der britischen Behörden, die Verkehrsverbindung zwischen der Stadt und dem Hadassa-Krankenhaus beziehungsweise der Hebräischen Universität angemessen zu verteidigen, verfolgte Senator zu jener Zeit den Plan einer direkten Verbindung zwischen dem jüdischen Viertel Sanhedria und dem britischen Militärfriedhof für Gefallene des Ersten Weltkrieges auf dem Berg Scopus. Der Plan fand Unterstützung bei Chaim Yasski, dem Direktor des Hadassa-Krankenhauses, der wiederholt vor der prekären Sicherheitslage gewarnt hatte und überzeugt war, dass man den Scopusberg »nicht preisgeben« dürfe, ihn vielmehr »nicht allein aus ideologischen Gründen, sondern auch zum Zweck der Sicherheit des jüdischen Jerusalems« schützen müsse. Dass die Briten den Bau der Umleitung ablehnten, hatte verschiedene Gründe: Baukosten, Besitzfragen, bautechnische Probleme und die Sicherheit der Arbeiter. Die Frage, wie sich die Dinge entwickelt hätten, wenn der Plan in die Tat umgesetzt worden wäre, gehört in die lange Reihe kontrafaktischer Geschichtsszenarien. Tatsächlich arbeitete der Plan, der die Schaffung zweier jüdischer Bevölkerungszentren – einem zwischen Rechavia und Beit Hakerem und einem zwischen dem Bucharim-Viertel, Sanhedria und dem Berg Scopus – vorsah, der faktischen Teilung der Stadt in die Hände, einem Modell, das in dieser Phase der prinzipiell ablehnenden Haltung Senators und seiner Mitstreiter gegenüber dem Teilungsplan und ihrem Engagement für die Binationalität widersprach. Der offensichtliche Widerspruch an diesem Punkt spiegelt in gewisser Weise die Linie der Universitätsleitung wider. Diese verschrieb sich einerseits Anfang 1948 dem Prinzip der Binationalität der Stadt als Basis für jedes zukünftige Vorgehen, beharrte andererseits aber sowohl bei der Senatssitzung in Jerusalem als auch bei der Exekutivratssitzung in London darauf, um jeden Preis auf dem Scopusberg zu verbleiben.

Ähnlich wie Senator, dem es darum ging, die Sicherheit der Universität zu gewährleisten, war angesichts des Teilungsbeschlusses Hadassa-Direktor Yasski ganz vom künftigen Geschick des von ihm geleiteten Krankenhauses in Beschlag genommen. Zwischen November 1947 und Februar 1948 hielt er sich in den Vereinigten Staaten auf, um Geld für die Medizinische Fakultät auf dem Berg Scopus einzuwerben, die im Herbst 1948 eröffnet werden sollte. Gleichzeitig leiteten Yasski und sein Stellvertreter in Jerusalem, Eli Davis, Schritte ein, um sich auf das Kommende vorzubereiten.

Beide gingen davon aus, dass ein direkter Angriff auf das Krankenhaus zwar nicht zu erwarten sei, die Einrichtung aber doch von möglichen Gefechten in der Umgebung in Mitleidenschaft gezogen werden könnte. Fest entschlossen, den Betrieb des Krankenhauses ungeachtet der angespannten Sicherheitslage und der ständigen Angriffe auf die Zufahrtsstraße aufrechtzuerhalten, drängten sie auf eine Reihe von Maßnahmen, nicht zuletzt den Schutz der Gebäude und der Fahrzeuge, insbesondere der Krankenwagen. Die Welle der Gewalt nach dem UN-Beschluss und die Unmöglichkeit, die Unversehrtheit der Kranken zu garantieren, gaben den Anlass für verschiedene Initiativen zur Gründung alternativer medizinischer Einrichtungen in Westjerusalem. Frustriert von dieser Situation, beklagte sich Yasski bei New Yorker Unterstützern des Hadassa-Krankenhauses über das Scheitern der Briten bei der Sicherung der Zufahrtsstraße. Gleichzeitig blieb er bei seiner Haltung, dass man den Scopusberg nicht verlassen dürfe und es keine Rechtfertigung dafür gebe, ein gesondertes Krankenhaus in Westjerusalem für die Hadassa-Belegschaft einzurichten, »wo wir doch hier, auf dem Berg Scopus, alles haben, was wir brauchen«. Mit aller Kraft trieb er dort weiter die Bau- und Entwicklungsprojekte voran, wobei er parallel dazu seine partielle Bereitschaft zeigte, angesichts der Sicherheitslage das Gesundheitsweisen in der Stadt auszubauen. Von politischer Seite wurde er darin unterstützt. Ben-Gurion sicherte ihm Anfang März zu, die Verteidigung des Krankenhauses habe Priorität.

Wenngleich Ende März im Hinblick auf die Verkehrsverbindung zum Scopusberg eine zwischenzeitliche leichte Verbesserung erkennbar wurde und sich in der Folge sogar eine relative Ruhe abzeichnete, berieten Leo Kohn und Golda Meirson von der Jewish Agency mit Vertretern der Universität und des Krankenhauses Anfang April in Anbetracht der allgemeinen Situation über extremere Szenarien. Vonseiten der Universität zeigten sich Rektor Michael Fekete, David Werner Senator und Avraham Adolf Reifenberg besorgt über das Schicksal der dort befindlichen Kulturschätze. Dagegen hoben Yasski, Davis und das Kollegium aus dem Krankenhaus angesichts der im Kriegsfall drohenden Verschlechterung der sanitären Verhältnisse und damit Seuchengefahr die wachsende Bedeutung der größten Klinik Westjerusalems hervor. Sie skizzierten drei Alternativen: Zur Gewährleistung eines Minimalschutzes könne man erstens ganz auf die jüdischen Sicherheitskräfte setzen, zweitens die Sicherheit des Krankenhauses dem Internationalen Roten Kreuz überantworten und die der Universität den jüdischen Sicherheitskräften überlassen oder drittens beide Einrichtungen entmilitarisieren und dem Roten Kreuz anvertrauen. Da sich die Anwesenden nicht einigen konnten und Zweifel darüber aufkamen, ob das Rote Kreuz für diese Aufgabe geeignet sei, blieb als einzige Alternative die erste Option zurück, also die Übertragung der Verantwortung für die Sicherheit beider Einrichtungen an die jüdischen Sicherheitskräfte. Yasski hielt dazu im Abschlussbericht der Beratung fest: »Es schien keine andere Möglichkeit zu bestehen, als den Scopusberg als einen Komplex zu betrachten, der um jeden Preis verteidigt werden muss, wie es bei unseren Grenzsiedlungen der Fall ist.« Yasski war klar, dass das Krankenhaus in diesem Fall nicht mehr als allgemeines Klinikum werde dienen können. Man würde sich auf verwundete Kämpfer spezialisieren und andere Kranke in der Stadt behandeln müssen.

Am 11. April trafen Bevollmächtigte der Universität und des Krankenhauses erneut mit der politischen Führung zusammen. Sie erläuterten Ben-Gurion, damals Vorsitzender der Jewish Agency, wie ihre Institutionen Angriffen aus allen vier Himmelsrichtungen ausgesetzt seien – etwa von Scharfschützen am French Hill und von arabischen Eindringlingen aus Richtung des Auguste-Viktoria-Hospitals. Sie beklagten die Folgen der Evakuierung des nahe gelegenen Dorfs Issawiya für die Sicherheit und ganz allgemein die zu geringe Zahl der Sicherheitskräfte am Ort. Kritisiert wurde ebenfalls, dass die Konvois nicht in der vereinbarten Regelmäßigkeit verkehrten, was die Funktionstüchtigkeit der Institutionen auf dem Terrain stark einschränke. Auch unter Berücksichtigung der allgemeinen Sicherheitsbedürfnisse werde der »einzigartigen nationalen, moralischen, materiellen und psychologischen Bedeutung der Aufrechterhaltung beider Einrichtungen« nicht ausreichend Beachtung geschenkt; der Berg Scopus dürfe nicht behandelt werden wie ein beliebiges Jerusalemer Wohnviertel. Die Vertreter von Universität und Krankenhaus waren insbesondere hinsichtlich des für den 15. Mai erwarteten Abzugs der Briten besorgt und kamen abermals auf verschiedene Szenarien zu sprechen. Zu den schon früher skizzierten Möglichkeiten kam nun die Alternative hinzu, britische Truppen könnten das Gebiet auch nach Mandatsende weiter schützen. Ben-Gurion äußerte daraufhin die Hoffnung, die Lage werde sich innerhalb weniger Tage klären, und ging auch auf die Möglichkeit verbesserter Sicherheitsvorkehrungen und öfter verkehrender Konvois ein. Niemand habe vor, den Scopusberg preiszugeben, beteuerte er dabei. Das Krankenhaus in die Obhut des Roten Kreuzes zu geben würde allerdings wie eine Preisgabe wirken, zumal er nicht davon überzeugt sei, dass die Araber die Autorität der Organisation respektierten. Auch die Möglichkeit eines Verbleibens britischer Truppen lehnte er entschieden ab. Man führe darüber keine Verhandlungen, erklärte er – »aber selbstverständlich steht es den Einrichtungen völlig frei, ein solches Anliegen, das ja ein zentrales politisches Anliegen ist, vor der politischen Führung vorzubringen«. Diese uneindeutige Aussage wurde im Protokoll des Treffens, das Senator im Anschluss auf Englisch verfasste, wörtlich zitiert. Die Bevollmächtigten von Universität und Krankenhaus bestätigten, dass der konkrete Beschluss auf Grundlage der endgültigen politischen Entscheidung gefällt werde.

Viele der Pläne, die in den Wochen nach dem Teilungsbeschluss zur Debatte standen, erübrigten sich nach dem Angriff auf den Hadassa-Konvoi vom 13. April 1948. Bei diesem in die Annalen eingegangenen Anschlag, der im Rückblick einen Wendepunkt in der Geschichte beider Einrichtungen markiert, wurden 77 Menschen getötet, darunter Direktor Chaim Yasski, der Sekretär der Medizinischen Fakultät Moshe Ben-David, der Leiter der Abteilung für Experimentelle Pathologie und der Krebsforschungslabore Leonid Doljanski sowie Dozenten und Studierende der Hebräischen Universität. Bei einer gemeinsamen Sitzung von Bevollmächtigten beider Institutionen sowie Vertretern der Jewish Agency und der Hagana fünf Tage nach dem Überfall stellte man sich noch einmal hinter Ben-Gurions Zusicherung aus der Vorwoche, sich unter keinen Umständen vom Berg Scopus zurückzuziehen. Gleichzeitig hegten die Anwesenden jedoch nicht den geringsten Zweifel, dass der Entscheidung strategische und keineswegs kulturelle und bildungspolitische Interessen zugrunde lagen. Unter dem erschütternden Eindruck des umfassenden Scheiterns der Briten und der Unzulänglichkeit der Hagana beim Schutz und der Rettung der Passagiere des Konvois verstanden die Vertreter der Universität und des Krankenhauses, dass sie im Hinblick auf die Entscheidungen über die Zukunft und die Funktionsfähigkeit ihrer Einrichtungen ganz auf sich gestellt und letztlich ihrem Schicksal überlassen waren. Unter diesen Bedingungen nahm die Krankenhausleitung von der Fortsetzung des Betriebs Abstand und beschloss, den Plan eines Umzugs nach Westjerusalem umzusetzen, den Yasski noch kurz vor seiner Ermordung entwickelt hatte.

Auch die Universität musste über ihre Zukunft entscheiden. Trotz ihrer prinzipiellen Unabhängigkeit war klar, dass die Einstellung des regulären Klinikbetriebs ihr Votum beeinflussen würde. Von dem Moment an, da das Hadassa-Krankenhaus keine Patienten aus der Stadt mehr aufnahm und nur noch Verwundete der Kämpfe in der Umgebung behandelte, stellte auch die Hebräische Universität ihren Betrieb ein. Mit gebrochenem Herzen machte sich ihr Präsident Magnes auf den Weg in die Vereinigten Staaten, um mit dem Gewicht seiner Person für sie einzutreten und womöglich die Aufhebung des Teilungsdekrets zu erwirken.

Krieg

Der Hauptlesesaal auf dem Scopusberg mit dem unschätzbaren Besitz der Hebräischen Universität: ihren Büchern. Courtesy of the Hebrew University of Jerusalem.

Sofort nach Abzug der Briten versuchten Araber wie Juden, den frei gewordenen Raum zu besetzen, die Zufahrtswege unter ihre Kontrolle zu bringen, ihre Stellungen zu sichern und so weit wie möglich auszubauen. Das Viertel Scheich Dscharrah, das für die Zufahrt zum Scopusberg seit Monaten eine Achillessehne darstellte, wurde naturgemäß zu einem unmittelbaren Ziel für die jüdische Seite, die aufgrund interner Auseinandersetzungen allerdings beinahe die Kontrolle darüber verlor. Am Abend des 15. Mai war es Einheiten von Irgun und Hagana in einer gemeinsamen Aktion gelungen, das Viertel unter ihre Kontrolle zu bringen und die Verkehrsverbindung zum Scopusberg wiederherzustellen. Aufgrund der zerrütteten Beziehungen zwischen den beiden Kampfverbänden und mangelnder Kommunikation unter den Hagana-Kommandanten ging diese Errungenschaft aber bald wieder verloren. Die Hagana hielt sich weder an ihre Selbstverpflichtung, im Norden der Stadt Befestigungen anzulegen, noch an die Zusicherung, die Straße zum French Hill und nach Shuafat zu erobern. Der zuständige Irgun-Kommandant gab später an, er habe seinen Männern den Rückzug befohlen, als er erkannte, dass sie an vorderster Front postiert waren – eine Aktion, die anderen Aussagen zufolge nur durch das Eingreifen Menachem Begins vereitelt wurde, der die Ablösung des Kommandanten befahl und die Kämpfer auf ihre Posten zurückschickte. Nach drei Kampftagen war es um die Front im Norden Jerusalems sehr schlecht bestellt. Die Lage eskalierte, als der transjordanische König Abdallah I. überzeugt wurde, sich entgegen ursprünglichen Absichten am Kampf um Jerusalem zu beteiligen. Am 16. Mai befahl er Glubb Pasha, die Truppen der Arabischen Legion in das Gebiet zu schicken.

Es ist hier nicht der Ort, um ausführlich auf das Beziehungsgeflecht zwischen Israel und Transjordanien im Krieg von 1948 einzugehen, geschweige denn auf die Vielfalt der Deutungen des Kriegsgeschehens, insbesondere im Hinblick auf die Frage, ob ein bewaffneter Konflikt zwischen beiden Staaten unausweichlich war, ob er gegen frühere Übereinkünfte verstieß oder diesen entsprach. In unserem Zusammenhang genügt es zu wissen, dass die Arabische Legion anfangs von Kampfhandlungen in Jerusalem absah und sich auf Druck ihrer Schutzmacht Großbritannien jeglicher Verstöße gegen den UN-Plan zur Internationalisierung der Stadt enthielt. Am Ende wurde sie allerdings in das Kriegsgeschehen hineingezogen: in Reaktion auf die Versuche der Hagana, die Kontrolle über das jüdische Viertel zu erlangen, und auf Gerüchte, wonach die jüdische Seite die Eroberung der gesamten Altstadt inklusive der heiligen Stätten von Islam und Christentum plane. Am 19. Mai hatte die Legion die Altstadtmauern unter ihrer Kontrolle, von denen aus, wie Glubb befriedigt konstatierte, »vor beinahe 1 900 Jahren die Juden ihre Pfeile auf die herannahenden Legionen von Titus abschossen«. Von dort rückte die Legion in einem Präventivschlag in die Kampfzone von Scheich Dscharrah vor, um einen Korridor zwischen der Altstadt und Ramallah im Norden zu schaffen. Es gelang ihr, dort operierende Irgun-Einheiten zu schlagen, wodurch der Scopusberg vom hebräischen Jerusalem abgetrennt wurde. Aufgrund unklarer Umstände – Innenminister Jitzchak Gruenbaum sprach einen Monat darauf in einer Kabinettssitzung von einem »Wunder« – bewegte sich die Legion aber nicht weiter vor und begann stattdessen mit dem Beschuss der Stadt.

In der Nacht zum 19. Mai wurden die Operationssäle und die Radiologische Abteilung des Hadassa-Krankenhauses von arabischer Artillerie getroffen. Israel protestierte deswegen beim Roten Kreuz, das sich bereit erklärte, das Krankenhaus unter seinen Schutz zu stellen, wenn man darauf eine weiße Flagge hisse. Das Angebot wurde umgehend zurückgewiesen, ähnlich wie jenes, welches das Rote Kreuz im April vor dem Abzug der Briten unterbreitet hatte. Aufgrund strategischer Erwägungen und des Unvermögens, die Lage genau abzuschätzen, lag der israelischen Führung eine Aufgabe des Scopusbergs fern. Am 20. Mai verfügte Yigal Alon, Leiter der Operationsabteilung im Generalstab und stellvertretender Generalstabschef: »Hadassa und die Hebräische Universität dürfen nicht geräumt werden. Dort muss gekämpft werden. Dies ist eine wichtige Stellung, die die Legion an der Flanke am Vorrücken hindert.« Von dem amerikanischen Generalkonsul Thomas Wasson, dem Leiter der im April vom UN-Sicherheitsrat eingesetzten Waffenstillstandskommission für Palästina, erfuhren die Israelis, dass die Jordanier ihm mitgeteilt hätten, die Legion sei bereit, das Krankenhaus zu »schützen«, wenn dort die amerikanische Flagge gehisst werde. Dieses Angebot stieß jedoch auf Empörung. Der israelische UN-Verbindungsoffizier in Jerusalem, Chaim (Vivian) Herzog, setzte das Wort »schützen« in seinem Bericht in Anführungszeichen und versah den gesamten Satz mit einem Ausrufezeichen.

Um den »unschätzbaren« Besitz des Krankenhauses und der Universität zu retten, versuchten die Israelis, neben der Beschwerde vor der Waffenstillstandskommission, mit einer inoffiziellen Anfrage an die UNO zu klären, ob diese bereit sei, ihre Flagge auf den Dächern beider Einrichtungen zu hissen. Die UN-Vertreter bezweifelten jedoch, dass die Araber diese Flagge respektieren würden, weswegen ein solches Vorgehen wohl zwecklos sei. Als abermals eine Intervention des Roten Kreuzes ins Spiel gebracht wurde – unterstützt von König Abdallah, der vorschlug, das Krankenhauspersonal unter die Obhut der Organisation zu stellen, und für diesen Fall den Schutz der Gebäude und des Inventars zusicherte –, lehnte Israel das Angebot gegenüber dem am Rand der UN-Vollversammlung im November 1947 zur Umsetzung des Teilungsplans ernannten Delegationsleiter der »Palästina-Kommission«, Pablo de Azcárate, gänzlich ab. Aus israelischer Perspektive entspreche der Rote Davidstern, der über dem Krankenhaus wehe, jeder Flagge des Roten Kreuzes, und dies allein müsse der Einrichtung Immunität garantieren. Unterdessen erlag Generalkonsul Wasson, der all seine Bemühungen auf ein Ende der Belagerung der Institutionen auf dem Scopusberg gerichtet hatte, tags zuvor im Krankenhaus seinen Verletzungen durch einen Scharfschützen. Die offiziellen israelischen Vertreter verwiesen nun – vielleicht unter dem Eindruck eines früheren Gesprächs mit Wasson – darauf, dass die Einrichtungen auf dem Scopusberg amerikanisches Eigentum seien. Auf

Grundlage dieser Behauptung, die später den Jordaniern dazu diente, Israel seinen Anspruch auf das Gebiet streitig zu machen, signalisierten die Israelis Zustimmung zur dauerhaften Stationierung eines im Auftrag des US-Konsulats agierenden amerikanischen Beobachters oder eines anderen neutralen Staatsangehörigen mit Verbindung zur UN-Delegation, der das Vorgehen der israelischen Truppen überwachen würde. Weitere Versuche Israels, die Belagerung auf militärischem Weg zu beenden, blieben ohne Erfolg. Am 24. und 25. Mai scheiterte ein zu diesem Zweck ausgesandtes Kommando. Drei Tage später weigerte sich eine andere Einheit, die Mission zu erfüllen, da die zum größten Teil aus Tel Aviv stammenden Soldaten befürchteten, den Scopusberg danach für lange Zeit nicht mehr verlassen zu können. Die Befehlsverweigerung führte zur Auflösung der Einheit.

Am 19. Mai, dem Tag, an dem die Kämpfe zwischen der Arabischen Legion und den jüdischen Truppen am Scopusberg begannen, ernannte die UNO den Vorsitzenden des schwedischen Roten Kreuzes, Graf Folke Bernadotte, zum Vermittler. Am 22. Mai rief der UN-Sicherheitsrat die Waffenstillstandskommission und die Konfliktparteien dazu auf, Verhandlungen über einen Waffenstillstand in Jerusalem höchste Priorität zu verleihen, sich an einen solchen zu halten und dem Vermittler die Erfüllung seiner Aufgabe zu erleichtern. Parallel zu den Missionen Bernadottes, die sich in den folgenden Monaten immer mehr ausweiteten – Azcárate nannte ihn einen Mann, »der sich in einem Labyrinth verlor, aber dennoch mit einem Tempo weiter voranschritt, als ob er genau wüsste, wohin die Reise gehe« –, starteten Vertreter Großbritanniens eine unabhängige Vermittlungsinitiative. John Sheringham, der Stellvertreter des britischen Konsuls in Jerusalem, wurde beauftragt zu eruieren, wie die jüdische Seite zu dem Vorschlag König

Abdallahs stehe, die Einrichtungen auf dem Scopusberg dem Schutz der Arabischen Legion anzuvertrauen. Sheringham unterbreitete die Angelegenheit David W. Senator sowie Daniel Auster, dem Bürgermeister des hebräischen Jerusalems, und Leo Kohn, dem früheren politischen Sekretär der Jewish Agency und jetzigen politischen Sekretär im Außenministerium. Er selbst hielt das transjordanische Angebot für vernünftig; es diene dem größtmöglichen Schutz von Universität und Krankenhaus, nicht zuletzt in Anbetracht der Zuverlässigkeit, die die Arabische Legion bei der Kapitulation des jüdischen Viertels in der Jerusalemer Altstadt bewiesen habe. Seinen Auftraggebern im Außenministerium übermittelte Sheringham, Senator und Kohn hätten den Vorschlag umgehend zurückgewiesen und behauptet, er laufe darauf hinaus, den Scopusberg den Arabern zu überlassen. Kohn zeigte sich im Gespräch auch darüber besorgt, dass es keinerlei Garantie dafür gebe, dass die Legion das Areal nicht aufgeben und der einheimischen Bevölkerung als Beute überlassen würde. Auster, der Sheringham von allen dreien noch »am vernünftigsten« erschien, wies das Angebot offenbar nicht kategorisch zurück, meinte aber, die ganze Angelegenheit liege ohnehin in den Händen der Hagana, deren Jerusalemer Kommandanten zu treffen er noch nicht »die Ehre gehabt« habe.

Abdallahs Vorschlag fand zwar die Zustimmung des in den Vereinigten Staaten weilenden Jehuda L. Magnes, dessen Kollegen in Jerusalem begeisterte er allerdings weniger. Senator bat Sheringham nach dessen eigener Auskunft darum, sich in seine Lage zu versetzen: »Was würde er denken, wenn er unter ähnlichen Bedingungen ein ähnliches Angebot erhalten würde – etwa im Hinblick auf das Britische Museum.« Nach der Unterredung mit Sheringham sprach Senator mit Leo Kohn und bekräftigte dabei die Haltung der politischen Abteilung der Jewish Agency in

Bezug auf die Entmilitarisierung des Scopusbergs mithilfe amerikanischer Beobachter oder »anderer mit der UN-Sonderkommission verbundener Neutraler«, die das Vorgehen der jüdischen Truppen überwachen würden. Anfang Juni willigte Kohn ein, dass Sheringham diese Ideen in London und Amman vorbringen solle. Senator ließ die wachsende Einmischung der politischen Abteilung nicht gleichgültig. »Wir schätzen das starke Engagement der Abteilung und insbesondere Euer Ehren in der Frage des Scopusbergs sehr«, schrieb er Kohn. Dieser hatte in den 1920er Jahren als Sekretär des zentralen Büros der Hebräischen Universität amtiert, in den frühen 1930er Jahren andere administrative Rollen im Universitätsapparat erfüllt und vertrat nun eine Einrichtung des Staates. Aus einem kurzen Brief Senators an Kohn spricht ein Gefühl der Frustration und zugleich Unverständnis im Hinblick auf das veränderte Kräfteverhältnis. Er betonte, dass man zu einer Zeit, in der die Universität die politische Abteilung und die militärischen Behörden über alles und jedes auf dem Laufenden halte, erwarte, »dass auch wir über die Entscheidungen und Aktivitäten der allgemeinen wie militärischen Behörden informiert werden«. Er schloss seinen Brief mit der Bitte, »dass bei zukünftigen Verhandlungen über vorliegende Vorschläge, die unsere Einrichtungen angehen, Vertreter von Universität und Hadassa beteiligt werden, die sich jenseits militärischer Fragen am besten auskennen«. Ein ähnliches Schreiben schickte Senator am selben Tag dem Jerusalemer Militärgouverneur, Dov Yosef. Darin bat er um eine koordinierte Informationspolitik, um »Missverständnisse, Verwicklungen und Schäden« zu vermeiden.

Zwischen den Einrichtungen auf dem Berg Scopus und den Institutionen des Staates tat sich ein Abgrund auf, der immer größer wurde. Dies äußerte sich auch im Selbstverständnis der sich dort befindenden Personen. Der Abgrund lässt sich anhand der Vorgänge um den Bericht über das Konvoi-Unglück erkennen, den die beiden Einrichtungen von Shalom Horowitz erbaten, dessen Kanzlei die Universität in juristischen Fragen vertreten sollte. Das unmittelbare Ziel des Berichts bestand darin, zu klären, was mit jenen zahlreichen Opfern geschehen war, die nicht lokalisiert werden konnten und als vermisst galten, ein Rätsel, das er nur zum Teil zu lösen vermochte. Darüber hinaus sollte der Bericht die Frage der Verantwortung für das Unglück beantworten. Horowitz' Schlussfolgerungen waren dabei nicht eindeutig, weswegen die Universitätsleitung den Bericht nicht ohne Weiteres akzeptierte. Der Exekutivrat der Universität behandelte das Papier eher diskret und bat darum, es nur im Senat zu verlesen, nicht jedoch unter den Mitgliedern zu verteilen. Nachdem Lehrende wie Gershom Scholem und Natan Feinberg dagegen protestierten, da es schwer sei, »allein durch Anhören die feineren Details zu verstehen«, beschloss der Senat Mitte Juni, den Bericht vor der nächsten Sitzung im akademischen Sekretariat auszulegen. Als der Senat in der darauffolgenden Woche am 23. Juni zusammentrat, waren die Meinungen darüber, ob man über den Bericht beraten solle, geteilt. Dies lag vor allem daran, dass ungeachtet der Zeit, die seither vergangen war, noch keine Aussagen der jüdischen Sicherheitskräfte vorlagen. Als mit knapper Mehrheit für eine Diskussion votiert wurde, ließ sich erkennen, dass sich neben der harten Kritik an den Briten langsam der Eindruck verfestigte, die jüdischen Sicherheitskräfte gingen einer Antwort auf die offengebliebenen Fragen aus dem Weg. Die Kritik Bubers, bei dieser Angelegenheit zeige sich abermals »das Verhältnis unserer zentralen Behörden gegenüber der Universität, ein Verhältnis, das nicht so ist, wie es sein sollte«, war vielleicht erwartbar, insofern er sich kurz zuvor recht deutlich über seine Erfahrungen mit den nationalen Institutionen ausgelassen hatte. Aber auch konformere Kollegen wie etwa Ben-Zion Dinaburg (später Dinur), der einige Jahre darauf Erziehungsminister wurde, waren der Meinung, der Senat müsse sein »Erstaunen« darüber kundtun, dass die militärischen Behörden sich einer »klaren Antwort auf die Fragen des Ermittlers« entzögen. Auch der auf Schlichtung bedachte Rektor Fekete zeigte sich überzeugt, dass die Regierung die moralische Pflicht habe, der Universität Informationen zu übermitteln, wenngleich er einräumte, dass man sich angesichts der angespannten Lage und der Situation der Regierungsvertreter in Kriegszeiten in Geduld üben müsse – »ohne auf unsere berechtigte Forderung zu verzichten«.

Waffenruhe

Der Verwaltungsleiter der Hebräischen Universität David Werner Senator (rechts) begleitet den Hochkommissar Herbert Samuel bei seinem Besuch der Universität auf dem Berg Scopus, 1942. © From the collection of photographs by Herbert and Edwin Samuel, courtesy of The Israel State Archives.

In Anbetracht der weitreichenden Folgen des allgemeinen Geschehens auf ihre Situation ist es nur verständlich, dass das Personal des Hadassa-Krankenhauses und der Lehrkörper der Universität erwarteten, an jeder politischen und militärischen Weichenstellung, die ihre Zukunft betraf, beteiligt zu werden. Ihre grundsätzlichen Einstellungen und auch ihre emotionale Anteilnahme unterschieden sich dabei naturgemäß von denen der politischen und militärischen Instanzen. Es ist davon auszugehen, dass Senator und seine

Kollegen sehr besorgt gewesen wären, wenn sie von den Drohungen erfahren hätten, die der Generalsekretär des Außenministeriums, Walter Eytan, nach dem Aufruf des UN-Sicherheitsrats zur Waffenruhe zu verbreiten empfahl. Dazu zählte sein Vorschlag, angesichts der prinzipiellen jüdischen Zustimmung zur Internationalisierung Jerusalems und der arabischen Verweigerung derselben das Folgende bekanntzugeben:

»Wir erklären vor der ganzen Welt: Wenn der Angriff nicht binnen 48 Stunden beendet wird, werden wir diesen Akt der Aggression mit dem Kampf um Straße für Straße, Haus für Haus, Stein für Stein erwidern, auch wenn dies bedeutet, ganz Jerusalem zum Schlachtfeld zu machen, so wie es vielleicht geschehen wird. Darüber hinaus erklären wir, dass wir nach diesem Kampf um Jerusalem die Stadt als untrennbaren Teil des Staates Israel betrachten werden und keinerlei Beziehungen zum Beschluss über ihre Internationalisierung fortbestehen werden.«

Senator und seine Kollegen hätten wohl mit einigem Unbehagen aufgenommen, dass Ben-Gurion in der Kabinettssitzung am Tag darauf Israels Weigerung, die Gebäude auf dem Scopusberg der UNO zu überantworten, damit begründete, dass dieser Vorschlag angesichts der jämmerlichen Lage der UN-Vertreter und der Konsuln in Jerusalem auf nichts anderes hinauslaufe, als die Universität und das Hadassa-Krankenhaus den Arabern zu überlassen. So erklärte Ben-Gurion: »Wir haben beschlossen, Widerstand zu leisten und zu kämpfen. Wenn die Häuser gesprengt werden, bauen wir sie wieder auf.« Diese Bekenntnisse waren freilich nicht unbedingt wörtlich zu nehmen; später gab es andere mit entgegengesetztem Inhalt.

Zu ebenjener Zeit arbeitete die Universität weiter über ihre eigenen Kanäle auf die Sicherung ihrer Zukunft hin. Bernadotte reiste zwischen Israel, Transjordanien und Ägypten hin und her, um die weiterhin bestehenden Unstimmigkeiten zwischen den Staaten auszuräumen, die die Politik in Bezug auf die Neueinwanderer im wehrpflichtigen Alter und die Versorgung Jerusalems während des Waffenstillstands betrafen. Währenddessen führte Magnes seine Bemühungen in New York unabhängig fort, und Senator setzte sich im Kreis der British Friends of the Hebrew University für die Vereitelung des Teilungsplans und die Herauslösung des Scopusbergs aus dem bewaffneten Konflikt ein. Die Organisation tat ihr Möglichstes, um in London eine Verbindung zur politischen Führung herzustellen. Eine Kontaktaufnahme zum Colonial Office erwies sich als fruchtlos, da sich das Ministerium bereits als nicht mehr zuständig betrachtete und die British Friends of the Hebrew University an das Foreign Office verwies. Dort erklärte sich ein Beamter namens Balfour dazu bereit, Norman Bentwich zu empfangen, den früheren Generalstaatsanwalt des Mandatsgebiets Palästina, der seit 1932 als Professor für Internationale Beziehungen an der Hebräischen Universität lehrte und gemeinsam mit Walter Zander den British Friends vorstand. Bei einem einstündigen Gespräch am 4. Juni wurden Bentwich und Zander über eine Reihe von diplomatischen Bemühungen hinter den Kulissen in Kenntnis gesetzt, wobei sie den Eindruck gewannen, dass nicht die »kulturelle Frage des Schutzes von Universität, Bibliothek und Krankenhaus« das »eigentliche Problem« darstelle, »sondern naturgemäß die strategische Frage der Kontrolle über die Straße«. Zudem berichtete Balfour den beiden von den Diskrepanzen zwischen den Kriegsparteien in der Frage der Truppenstärke, die die jüdische Seite bei einer zukünftigen Waffenruhe auf dem Areal stationieren dürfe. Auf ihre Frage, inwieweit er über die Situation der Universität und des Krankenhauses informiert sei, vermochte Balfour keine rechte Antwort zu geben; er ging aber davon aus, dass vorläufig weder die alten Handschriften noch die Inkunabeln entfernt worden seien. Am 11. Juni trat schließlich die erste Waffenruhe in Kraft.

Auch am ersten Tag der Waffenruhe widmete sich Senator wie stets seiner weitverzweigten Korrespondenz. Eine Stunde nach Eintritt der Waffenruhe schrieb er an Sir Arie (Leon) Simon, der nach seinem Austritt aus dem britischen Staatsdienst und seiner Einwanderung nach Palästina im Jahr 1946 dem Exekutivrat der Universität vorstand. In dem Brief kam Senator ausführlich auf die allgemeine Lage und die in Jerusalem zu sprechen. Um dem sich während der Kriegstage in London aufhaltenden Adressaten einen klaren Begriff vom Ausmaß der Opfer und Verluste zu geben, setzte Senator die prozentuale Opferzahl in der Stadt während des laufenden Monats ins Verhältnis zur dortigen Einwohnerzahl, wobei er auf 18 000 bis 20 000 Tote und rund 100 000 Verletzte kam. Ausführlich schilderte er die Lebensmittelrationierung, die faktische Lahmlegung des öffentlichen Nahverkehrs, den Mangel an Strom und Treibstoff und auch die Wassersituation, um Simon einen Eindruck davon zu vermitteln, »wie das Leben in der Heiligen Stadt ist«. Da die Verbindung zum Scopusberg unterbrochen war, fiel es Senator schwer, genauere Auskünfte über die Geschicke der Universität und des Krankenhauses zu geben. Er hob aber hervor, dass es der Universität in den letzten Tagen vor dem Abzug der Briten geglückt war, die Labore des Chemieprofessors Ladislaus Farkas und des Naturforschers und Physikprofessors Shmuel Sambursky in den Westteil der Stadt zu schaffen; die medizinischen und biologischen Labore seien schon zuvor dorthin transferiert worden. Er bezweifle allerdings den Nutzen dieser Aktion, da er die Beschussschäden auf dem Scopusberg schwer abschätzen könne, während die im Westteil der Stadt beträchtlich seien.

Senator achtete auch darauf, den Kontakt zu den Sicherheitskräften zu pflegen. So warf er am selben Tag in einem Brief an den Chef der Landeskommandantur (einer Körperschaft, die mit der Gründung der Israelischen Verteidigungsstreitkräfte am 30. Mai in diesen aufging) die Frage der Arbeitskräfte auf, um deren Freistellung vom Kampfeinsatz Senator ersuchte. Dabei zeigte er im Hinblick auf die Einberufungsbescheide für Mitglieder des Lehrkörpers guten Willen und betonte, dass die Universität darauf hinarbeite, die Zahl der Freistellungen jener Lehrkräfte so gering wie möglich zu halten, die für den Betrieb und die Funktionstüchtigkeit unter Kriegsbedingungen notwendig seien – etwa Professoren und Dozenten, die es der Universität ermöglichen würden, zumindest ein »Skelett ihrer Abteilungen« aufrechtzuerhalten. Man werde sich in dieser Hinsicht vor allem auf das akademische Personal konzentrieren und nicht auf das der Verwaltung. Leichte Kritik deutete Senator nur in einem einzigen Satz an, in dem er lobte, wie professionell der Staat die Universitätsangehörigen einsetze, abgesehen von »wenigen Fällen, in denen die wissenschaftlichen Fachkräfte noch nicht die nutzbringendste Verwendung« gefunden hätten, »wie etwa Dr. Polotzki, ein Dozent für Ägyptologie, der als wichtige Kraft im arabischen Bereich dienen könnte und dessen Spezialgebiet Habescha-Sprachen sind«.

Auch die Mitglieder der Waffenstillstandskommission arbeiteten unter Hochdruck. Den ersten Tag der Waffenruhe nutzte William Burdett, Nachfolger des ermordeten amerikanischen Generalkonsuls Wasson, zu einem Treffen mit Eli Davis. Dabei präsentierte er diesem den ersten Entwurf für die Ablösung der am Scopusberg stationierten Soldaten durch Polizeikräfte, die seiner Meinung nach den Schutz der Gebäude gewährleisten könnten. Davis war es im Gegenzug wichtig zu betonen, dass ein Schutz der Gebäude nicht genüge, sondern auch die Sicherheit der Patienten und des Personals garantiert sein müsse, die in Zukunft ins Krankenhaus gelangen würden, also auch die Sicherheit der Zufahrtsstraße. Zu dieser Frage konnte sich der Generalkonsul nicht verbindlich äußern, er versprach jedoch, das Thema bei seinem nächsten Treffen mit dem Grafen Bernadotte anzusprechen. Unterdessen begannen die Schawu'ot-Feiertage. Danach traf sich Burdett mit Senator. Wie schon Davis gegenüber erinnerte er wiederholt an die allgemeinen Grundsätze eines zukünftigen Entmilitarisierungsabkommens, darunter den Abzug der Hagana-Truppen, die inzwischen Teil der Israelischen Verteidigungsstreitkräfte geworden waren, ihre Ablösung durch leicht bewaffnete Polizei und die Entmilitarisierung des gesamten Gebiets.

Senators und Davis' Treffen mit dem amerikanischen Generalkonsul bereiteten den Boden für die erste Expedition der beiden zum Scopusberg, die am Ende der ersten Woche der Waffenruhe unter amerikanischem Schutz stattfand. Die Erkundungsfahrt begann auf der israelischen Seite in der Shmuel-ha-Navi-Straße und kam am britischen Soldatenfriedhof zum Stehen, der ersten israelischen Markierung. Von hier aus ging es zu Fuß weiter zum Hadassa-Krankenhaus. Im Dienstzimmer des getöteten Chaim Yasski wurden die Teilnehmer der Delegation von Davis kurz über die Vorgänge der letzten sechs Monate unterrichtet. Aufgrund des Zeitmangels beschränkte man sich auf einen schnellen Rundgang über das Areal des Krankenhauses und der Universität, ohne dabei alle Gebäude zu betreten. Am Ende gab es Tee und eine kurze Sitzung in Yasskis Zimmer, dann ging es in Begleitung der amerikanischen Kollegen zurück nach Westjerusalem. Senator bekam den Eindruck, dass die Lage der israelischen Soldaten auf dem Berg nicht zu beanstanden sei, sie jedoch komplett abgeschirmt waren von dem, was in der Stadt vor sich ging. Wenngleich sie unmissverständlich um ihre Ablösung baten, war ihr Gesundheitszustand offensichtlich nicht besorgniserregend und Proviant gab es genug. Auch der Zustand der Gebäude sei zufriedenstellend. Abgesehen von der vollständigen Zerstörung von Magnes' Dienstzimmer schätzte Senator die Schäden als gering ein, was er auf die schwache transjordanische Artillerie und die hohe Bauqualität zurückführte. Diese Eindrücke übermittelte er auch bei einem Treffen mit allen Universitätsangestellten in der Schocken-Bibliothek im Westteil der Stadt eine Woche darauf. Hier betonte er: »Es gibt Schäden, auch schwere Schäden an einigen Gebäuden, aber völlige Zerstörung gibt es nirgendwo.« In einem internen Bericht vermerkte Senator, dass während der Kämpfe weder in der zentralen Bibliothek noch in einer der Institutsbibliotheken Feuer ausgebrochen war und somit auch keine Bücher beschädigt wurden. Major Howell, der militärische Beobachter der Amerikaner bei der Expedition, habe Interesse und Verständnis gezeigt, etwa im Hinblick auf die nach einer Entmilitarisierung anstehenden Probleme, die Räumung von Minen und vieles mehr. Enttäuscht war Senator hingegen von der Gleichgültigkeit des amerikanischen Generalkonsuls; dessen Haltung sei wohl »nicht unbeeinflusst von den Arabern und vielleicht auch den Briten«. Den guten Willen Letzterer habe Konsul Burdett immer wieder hervorgehoben, während er im Übrigen eigentlich nur an der Wand mit den Stifternamen Interesse gezeigt habe, da er begriff, dass die Gebäude, insbesondere die des Hadassa-Krankenhauses, zum Teil von Amerikanern finanziert worden waren.

Nachdem Senator bei der Begehung des Scopusbergs mit dem Entwurf zur geplanten Entmilitarisierung konfrontiert wurde, erschien es ihm umso dringlicher, die Zusammenarbeit zwischen dem Außenministerium, den militärischen Instanzen und den Bevollmächtigten von Universität und

Krankenhaus im Vorfeld der anstehenden Treffen mit der Waffenstillstandskommission zu vertiefen. Dabei wuchs das Unbehagen, das er Anfang des Monats gegenüber Leo Kohn in Anbetracht der Einseitigkeit im Verhältnis zwischen beiden Einrichtungen und den Vertretern des Staates zum Ausdruck gebracht hatte. Senator war nun überzeugt, dass angesichts der häufigen Personalwechsel auf den politischen Posten und der Inflexibilität der Amtsträger ein gemeinsamer Ausschuss gebildet werden müsse, der die Arbeit der verschiedenen Körperschaften aufeinander abstimmen würde – andernfalls werde es zu einer »planlosen, schlampigen und ineffektiven Behandlung der dringlichen Probleme des Scopusbergs« kommen. Drei Tage darauf konnte Senator diese Ansicht bei persönlichen Gesprächen mit Ben-Gurion und Moshe Sharet (Shertok) in Tel Aviv vorbringen. Bei dem Treffen in Ben-Gurions Haus bekundete Senator seinen Willen, vor der Regierung zu erscheinen. Er ging davon aus, dass im Zuge der sicheren Verlegung der staatlichen Institutionen und der politischen Führung nach Tel Aviv ein »Exodus« von etwa 10 000 Menschen aus Jerusalem einsetzen und die Stadt sich leeren werde. Er wolle gegen die »Eroberung« des jüdischen Jerusalems durch die Araber, die Briten und die katholische Kirche, gegen die Verwandlung der Stadt in ein »zweites Safed« ankämpfen. Zu dem Gespräch mit Sharet, das am selben Tag im Außenministerium in Sarona stattfand, erschien Senator in Begleitung von Colonel Frank Bagley von der Waffenstillstandskommission. Von Davis hatte er die Vollmacht bekommen, im Namen beider Einrichtungen zu sprechen. Das Gespräch bewegte sich um Fragen zukünftiger Koordination, wobei Sharet sich offen gegenüber Senators Ansinnen zeigte, diese mithilfe eines Ausschusses oder einer Intensivierung der Beziehungen zwischen beiden Einrichtungen und dem Militärgouverneur von Jerusalem, Dov Yosef, zu vertiefen.

Entmilitarisierung

Luftaufnahme vom Scopusberg mit Hebräischer Universität, Hadassa-Krankenhaus, Auguste-Viktoria-Krankenhaus und dem Dorf Issawiya, 1938 von Salman Schocken initiiert und in Auftrag gegeben. © The National Library of Israel, The Pritzker Family National Photography Collection.

Anfang Juli stand das Ende der Waffenruhe an und ein signifikanter Durchbruch war nicht in Sicht. Die Verhandlung der großen Fragen durch Bernadottes Delegation war in eine Sackgasse geraten. Noch während der Waffenruhe wurde seitens der UNO ein direkter Kanal zwischen den Befehlshabern der israelischen und der transjordanischen Armee eröffnet, in dessen Rahmen auch die zukünftigen Regelungen für den Scopusberg ausgehandelt wurden. Senator und Davis waren bereits Mitte Juni über das Wesentliche unterrichtet worden. Nun, kurz vor Ende der Waffenruhe, mussten die Vereinbarungen getrennt von ihr beschleunigt abgesichert werden. Am 3. Juli übermittelte Sharet Israels UN-Botschafter Abba Eban, dass sich nach fortgesetzten Verhandlungen die Absicht herauskristallisiere, die Universität und das Krankenhaus dem Schutz der UNO zu unterstellen. Dabei fügte er hinzu, Israel habe den Vorschlag einer Ablösung seiner Truppen durch UN-Kontrolleure trotz massiven Drucks abgelehnt. Niemand gehe dort davon aus, dass nach dem Ende der Waffenruhe und der Wiederaufnahme der Kämpfe das Ehrenwort der Arabischen Legion in Bezug auf den Schutz des Scopusbergs verlässlich sei. Tatsächlich gelang es beiden Seiten am 7. Juli, einen Tag nach dem Treffen zwischen Sharet und Bernadotte und unmittelbar vor dem Auslaufen der Waffenruhe und dem Beginn neuerlicher schwerer Gefechte, das Entmilitarisierungsabkommen zu unterzeichnen.

Das Areal der Exklave wurde im Entmilitarisierungsabkommen mit ebensolcher Eile skizziert wie dessen Prinzipien, die auf einer einzigen Seite formuliert und von Norman Lash als Kommandant der Arabischen Legion, David Shaltiel als Kommandant der israelischen Armee, Jean Nieuwenhuys als Leiter der UN-Waffenstillstandskommission und Nils Brunsson als Beauftragtem der UN-Beobachter in Jerusalem unterzeichnet wurden. In dem Abkommen wurde bestimmt, die Exklave, die das Hadassa-Krankenhaus, die Hebräische Universität, das Auguste-Viktoria-Hospital und das Dorf Issawiya umfasste, bis zur Einstellung der Kämpfe und der Unterzeichnung eines neuen Abkommens dem Schutz der UNO zu unterstellen. Die UNO selbst erklärte sich vom Moment der Unterzeichnung durch ihre beiden Vertreter Nieuwenhuys und Brunsson an für die Sicherheit des Gebiets verantwortlich. Zu diesem

Zweck wurde zwischen dem israelischen und dem transjordanischen Teil eine Pufferzone – ein Niemandsland – mit einer Länge von 200 Metern markiert und der UN-Kontrolle unterstellt. An beiden Seiten wurden Kontrollpunkte errichtet, durch die allein der Eintritt erlaubt sein würde. Außerdem bestimmte das Abkommen, dass sämtliches israelische wie transjordanische Militärpersonal noch am selben Tag mit der kompletten Ausrüstung abzuziehen habe und von Polizisten abgelöst werde, die der UNO unterstanden. Auf dem Berg Scopus durften demnach nur das für operative Tätigkeiten notwendige Personal – 85 Polizisten und 33 zivile Mitarbeiter auf der israelischen und 40 Polizisten auf der transjordanischen Seite – sowie die Bewohner von Issawiya zurückbleiben. Die Anzahl der zulässigen Personen, die Einwohnerschaft von Issawiya eingerechnet, würde nur durch ein neues Abkommen zwischen beiden Seiten verändert werden können. Den Kriegsparteien wurde jedwede militärische Nutzung ihres jeweiligen Gebiets untersagt. Zugleich wurde zugesichert, dass ihr Gebiet weder angegriffen noch illegal betreten werde. Die UNO garantierte die Organisation der gemeinsamen Versorgung mit Wasser und Lebensmitteln sowie des Personalwechsels. Der Autorität der UNO wurde auch die mit beiden Seiten abzusprechende Koordination des Besuchs der Exklave durch Einzelpersonen unterstellt. Auf den zentralen Gebäuden sollte die UN-Flagge wehen.

Senator, der in seinem unermüdlichen Streben nach einer internationalen Lösung und der Entmilitarisierung des Scopusbergs über Monate hinweg die Nacht zum Tag gemacht hatte, war überglücklich. Am 10. Juli übermittelte er David Schaltiel und den Israelischen Verteidigungsstreitkräften in einem kurzen offiziellen Schreiben seinen Dank und seine große Anerkennung für den Schutz des Scopusbergs vor der Waffenruhe. Mit dessen Entmilitarisierung finde ein

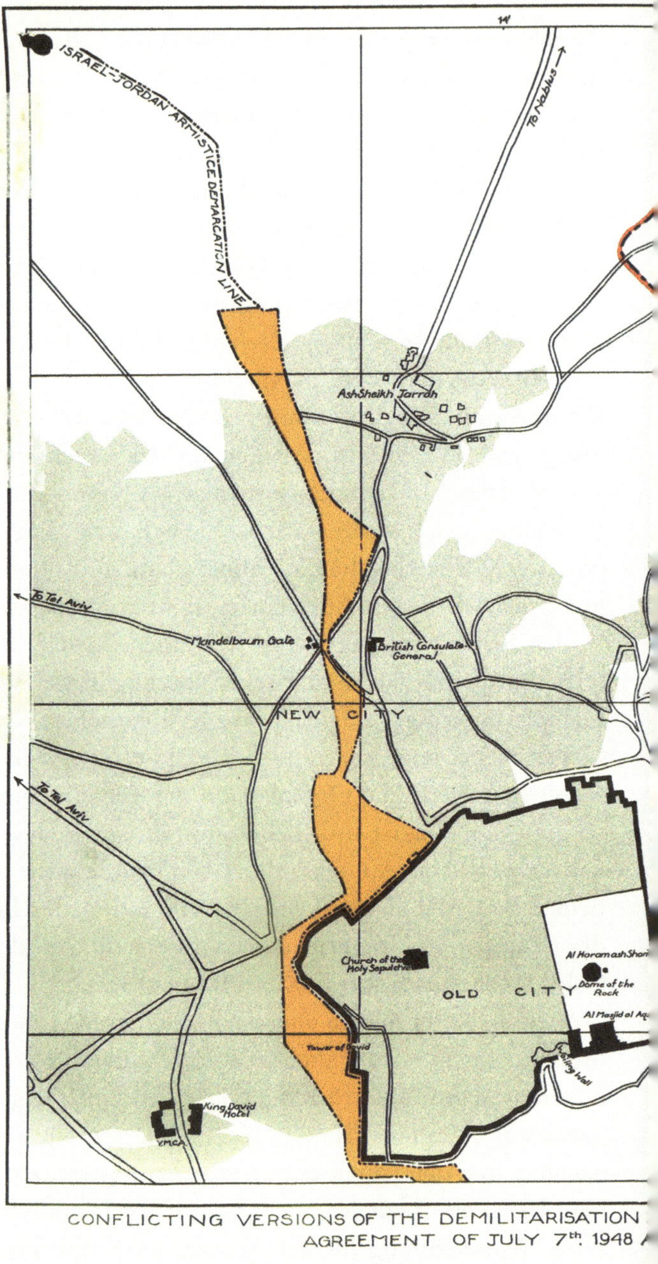

Gemäß Entmilitarisierungsabkommen wurde die Exklave auf ministeriums von 1948 abgebildet – bis zur Einstellung der dem Schutz der UNO unterstellt. © The National Archives

ON MOUNT SCOPUS AS OUTLINED BY THE CEASEFIRE
UBSEQUENT MAP OF JULY 21st. 1948.

dem Scopusberg – hier in einer Karte des britischen Außen-
Kämpfe und der Unterzeichnung eines neuen Abkommens
of the UK, ref. FO370/2795.

»wichtiges und heroisches Kapitel der ehrenvollen Verteidigung Jerusalems« seinen Abschluss. Drei Tage darauf würdigte er in einem längeren und begeisterten Brief an den Bereichskommandanten Yoel Malchow dessen »Hingabe und Talent« bei der Verteidigung des Scopusbergs; er habe den Berg zwar ohne geübte Truppen und geeignete Waffen, dafür aber mit »Tatkraft, Konsequenz, Verständnis und Expertise« befestigt und geschützt. Auf diese Weise, so Senator ein wenig pathetisch, »ist es euch gelungen, den Scopusberg zu retten, diesen großen nationalen Besitz an unersetzlichen kulturellen Einrichtungen und Schätzen, und damit die Ehre Israels und die Ehre des hebräischen Jerusalems«. Als er am 14. Juli vom Büro Dov Yosefs eine Abschrift des Entmilitarisierungsabkommens erhielt, dankte Senator auch ihm für sein großes und beherztes Engagement dabei, »die Frage des Scopusbergs zu einer befriedigenden Lösung zu bringen«. Hier erwähnte er auch die Schwierigkeiten, die die Universität im Hinblick auf den Verlust von Menschenleben sowie die Beschädigung von Gebäuden und Institution zu überwinden haben werde, wobei er betonte: »Wir sind entschlossen, unsere Arbeit fortzusetzen, die Zerstörungen zu beseitigen und die Einrichtung zu jener großen Kulturinstitution zu machen, für die ihre Gründerväter und das ganze Volk gekämpft haben.«

Senator dankte bei dieser Gelegenheit auch den internationalen Vertretern. So würdigte er etwa den UN-Beobachter Colonel Bagley dafür, dass er »immens« dabei geholfen habe, die Verhandlungen zu einem erfolgreichen Abschluss zu bringen; die Universität richte ihren Blick nun auf eine Zukunft, in der die Wiederaufnahme des Krankenhaus- und Universitätsbetriebs möglich würde – »zum gemeinsamen Wohl aller und zum Wohl und zur Ehre unseres jüdischen Volkes«. In ähnlichem Geist dankte er dem Vorsitzenden der Waffenstillstandskommission Nieuwenhuys und mit diesem der gesamten Kommission: »Nun sehen wir der Zeit entgegen, in der unser Lehrkörper wieder auf den Berg Scopus zurückkehren kann, um zum Wohl des Staates Israel, der jüdischen Bevölkerung dieses Landes und der Menschheit Forschung und Lehre wieder aufzunehmen.« In einem gesonderten Abschnitt seines Briefs nahm Senator gegenüber dem Belgier Nieuwenhuys zukünftige akademische Beziehungen mit belgischen Universitäten in den Blick, die die Hebräische Universität zu vertiefen wünsche, sobald der reguläre Betrieb wieder aufgenommen werden könne. Auch gegenüber dem schwedischen UN-Vermittler Brunsson, der beschlossen hatte, sich auf dem Scopusberg unterbringen zu lassen, beteuerte er den Wunsch nach einer zukünftigen wissenschaftlichen Zusammenarbeit. Dabei vergaß er nicht, auf Shmuel Hugo Bergmann hinzuweisen, der den Lehrstuhl für Philosophie innehatte und sich gerade in Schweden aufhielt. Er hoffe, dass die guten Beziehungen zu Schweden infolge der »besonderen Bemühungen, die der Graf Bernadotte und seine schwedischen Kollegen dem Problem des Scopusbergs gewidmet« hätten, noch vertieft würden.

Am 18. Juli unterrichtete Senator die Führungsgremien der Universität in einem ausführlichen Schreiben über die Lage. Er kam auf die Schrecken des Krieges zu sprechen, auf den »Holocaust« des Konvois, das Heldentum der Verteidiger und die aktuelle Situation nach dem Entmilitarisierungsabkommen. Dabei betonte er: »Das Epos des Scopusbergs während dieser Monate der Belagerung Jerusalems, Hadassas und der Hebräischen Universität muss erst noch geschrieben werden.« Mit einem gewissen Bedauern konstatierte er, dass das Entmilitarisierungsabkommen von Vertretern der Arabischen Legion, nicht aber von den Mitgliedern der Arabischen Liga unterzeichnet worden sei. Da die Kampfhandlungen unvermindert fortgeführt würden, tue sich die Universität schwer, die Verbindung zum Scopusberg aufrechtzuerhalten, doch hoffe man, dieses Problem mit »Geduld, Bestimmtheit und Ausdauer« bald überwinden zu können. Neben nüchternen Tönen gab es in Senators Schreiben auch euphorische Zeilen, die von einem Gefühl für die historische Aufgabe zeugen, die der Krieg ihm und der von ihm geleiteten Einrichtung auferlegt habe: »Das wachsende Zentrum des Lernens auf dem Berg Scopus, die Hebräische Universität mit den ihr angegliederten Einrichtungen und Institutionen, wird aus der Asche der Altstadt heraus ein neues geistiges Zentrum für das Weltjudentum bilden.«

Nach der Gründung des Staates Israel war die Universität nun dessen Autorität unterworfen, bemerkbar machte sich dies jedoch zunächst nicht. Ob die an eine selbstständige und internationale Stellung gewöhnte Universität die Absicht hatte, ihre Angelegenheiten in die Hände anderer zu legen, ist zu bezweifeln. Senator suchte so auch nach einem direkten persönlichen Draht zum Grafen Bernadotte. Er glaubte, der aus Bernadottes erstem, während der Waffenruhe vorgelegtem Friedensplan stammende bedauerliche Vorschlag, Jerusalem den Jordaniern zu übergeben, rühre daher, dass sich der UN-Vermittler erst zu kurze Zeit im Land befunden habe. Gegenüber Bergmann in Schweden beklagte Senator insbesondere, dass Bernadotte nicht »mit mehr Menschen, gerade auch unseres Kreises, gesprochen« habe. Dies galt es zu korrigieren, weswegen Senator seinen Freund in Stockholm darum bat, alles daranzusetzen, Bernadotte auf irgendeine Weise stärker für die Universität zu interessieren und darauf hinzuwirken, dass dieser sich bei seinem nächsten Besuch in Israel mit Buber und ihm treffe. Bergmann ging die Aufgabe, die Senator ihm übertragen hatte, nach Art des Gelehrten an: Er wolle sich Bernadottes Bücher besorgen, das Thema verinnerlichen und beim baldigen Besuch des Grafen in Stockholm ein persönliches Treffen arrangieren, wenngleich er bezweifle, dass er so an ihn herankomme.

Tatsächlich traf Bernadotte Mitte August via Rhodos in Schweden ein, um das von ihm geleitete Internationale Komitee vom Roten Kreuz zu eröffnen. Um die Lage von Bernadottes Delegation im Nahen Osten war es in jenen Tagen schlecht bestellt: Es war ihm nicht gelungen, die Großmächte davon zu überzeugen, die Zahl ihrer Beobachter zu erhöhen, die für die Wahrung des am 19. Juli in Kraft getretene zweite Waffenruhe essenziell waren. Darüber hinaus war er wiederholt mit dem Versuch gescheitert, sie von der Notwendigkeit zu überzeugen, Beobachter in Jerusalem abzustellen. Deswegen war ihm auch keine befriedigende Umsetzung des Entmilitarisierungsabkommens innerhalb der Exklave gelungen, ebenso wenig die Kontrolle der Waffenruhe und die Zügelung der Kampfparteien. Während seines Aufenthalts in Stockholm organisierte Bergmann mit Unterstützung lokaler Freunde ein Treffen mit Bernadotte im schwedischen Parlament. Wie mit Senator vereinbart, versuchte Bergmann, den Grafen für die Hebräische Universität zu interessieren. Dabei erwähnte er ausführlich deren Bemühungen, »Brücken zum arabischen Volk« zu bauen. Er berichtete von arabischen Studenten, die an der Universität immatrikuliert waren, bevor die Arabische Liga sie daran hinderte: von der Abteilung für Arabistik, von der arabischen Sammlung in der Bibliothek, vom neutralen Charakter der Hochschule und davon, wie die Bibliothek 1930 einem ägyptischen Gelehrten dabei geholfen hatte, das Memorandum der arabischen Seite zur Frage der Klagemauer abzufassen. »Dieses Detail«, schrieb Bergmann an Senator, »machte auf den Grafen großen Eindruck.« Offensichtlich ermuntert von Bernadottes Reaktion, erzählte Bergmann bei dem Gespräch weiter von den Bemühungen der Bibliothek, die Jerusalemer Privatbibliotheken zu retten, deren Besitzer infolge des Krieges nicht mehr am Ort waren, darunter »auch die arabischen« und die der schwedischen Schule, »von der ein Teil bereits von Angestellten der Nationalbibliothek gerettet« worden sei, während man sich weiter um den Rest bemühe. Darüber wusste Bergmann höchstwahrscheinlich aus erster Hand Bescheid, da er ein Zimmer seiner Jerusalemer Wohnung für die temporäre Unterbringung verwaister Buchbestände zur Verfügung gestellt hatte. Bei seinem Gespräch mit Bernadotte sprach Bergmann aber auch wiederholt die Entmilitarisierung des Scopusbergs und die Probleme der Universität an. Als er auf Jerusalem zu sprechen kam, antwortete der Graf in aller Ausführlichkeit: Israels Existenz sei eine Tatsache, die niemand bestreiten wolle; daher sehe er auch keinerlei Nutzen »in den Reden, die jüdische Politiker zur Bekräftigung dieser Tatsache halten, die aus seiner Sicht keiner Bekräftigung bedürfe«. Die wirkliche Gefahr erblickte Bernadotte in der Irgun-Miliz: Deren massive Präsenz in Jerusalem untergrabe die Existenz des Staates Israel.

In Reaktion auf Bergmanns Schilderung legte Senator ihm im Detail dar, wie Bernadotte seines Erachtens das Vertrauen der Juden verloren habe. Während Senator in der Vergangenheit tendenziell eine Minderheitsposition vertreten hatte, scheint sein Jerusalemer Kriegserlebnis die Kluft zwischen ihm und der jüdischen Allgemeinheit verringert zu haben. Diese Wendung wird selbst in seiner Syntax greifbar:

»Als gegen den 1. Juni er seine Taetigkeit begann, waren die Juden Palaestinas und auch Jerusalems bereit, ihm sehr grosses Vertrauen entgegen zu bringen. Sie, wir waren bereit noch beinahe 14 Tage Bombardement, Hunger und Wassernot zu ertragen, weil man glaubte, dass die Vorbereitungen durch Bereitstellung an UNO staff etc. wirklich ernst gemeint seien und die UNO bereit und in der Lage sein wuerde dem Mediator bei der Durchfuehrung des Waffenstillstandes und des Friedens zu helfen.«

Dieser Glaube sei jedoch dahin. Der Optimismus, der Senators Dankadressen an diverse Empfänger direkt nach dem Entmilitarisierungsabkommen beflügelte und von dem Glauben herrührte, Universität und Krankenhaus würden nach dem Abkommen wieder ihren Betrieb aufnehmen, hatte sich verflüchtigt. Dazu trug indirekt auch die Tatsache bei, dass der israelische Staat nicht mehr auf die Bitten der Universität reagierte, die notwendigen Informationen zur Untersuchung des Konvoi-Unglücks bereitzustellen, und die Institution bei der Bewältigung der Folgen – in puncto Sicherheit und Entschädigung der Opfer – ganz auf sich gestellt blieb. Die internen Probleme sprach Senator in dem Brief an seinen Freund nicht an, dafür in aller Breite die langfristigen Konsequenzen, die die Schwäche der UNO nach sich ziehen würde: »Endlich das Versagen betr. des Mt. Scopus, des einzigen UNO Territorium in der Welt. Hier waere eine grosse Gelegenheit gewesen, den Juden, den Arabern und der Welt zu zeigen, dass man es wirklich ernst meint, dass die UNO den Zugang zu diesem ihrem Territorium sichern wird und dass allmaehlich aus dieser Ordnung ein Beispiel für Jerusalem erwachsen wird.« Diese Hoffnung aber, so Senator weiter, sei gänzlich enttäuscht worden.

Verwahrlosung

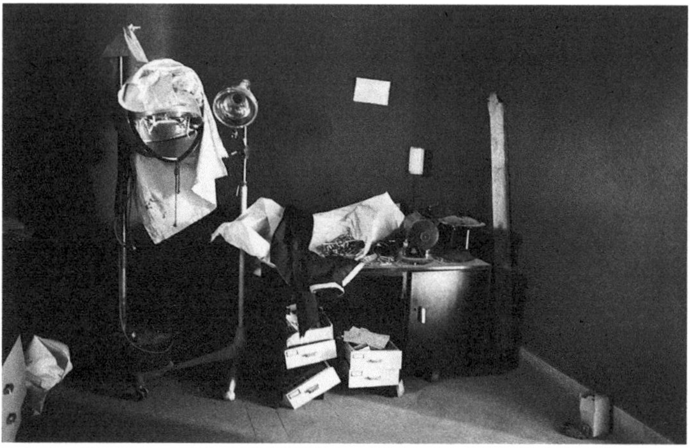

In den verwaisten Einrichtungen der Hebräischen Universität zeigte sich die Dynamik der Verwahrlosung, die sich während des Kriegsjahrs und nach der Entmilitarisierung des Bergs Scopus Bahn brach. Courtesy of Micha Bar-Am/Magnum.

Nachdem die Entmilitarisierung des Scopusbergs verkündet und die Zahl der Personen dort dem Abkommen gemäß reduziert worden war, ließ die Universität eine »Bestandsaufnahme« durchführen. Diese Aufgabe wurde dem Zoologen Aharon Shulov übertragen, dem während der Kriegshandlungen bereits die Versiegelung der Labore und der Gerätschaften oblag. In seinem Bericht vom Juli 1948 ging Shulov davon aus, dass das wissenschaftliche Inventar, das während der Kämpfe zum Teil nach Westjerusalem verlagert worden war, in Bälde auf den Berg Scopus zurückgebracht werde, um den Lehr- und Forschungsbetrieb wieder aufnehmen zu können. In dem fünfseitigen Dokument listete er die Schäden akribisch ihrer Schwere nach auf, die kampfbedingten Schäden ebenso wie jene, die entstanden waren infolge der übereilten und oft unprofessionellen Verpackung von Sammlungsstücken und Laborgerät während der überstürzten Evakuierung; das Verbliebene hatte man zerstreut und verwahrlost zurücklassen müssen.

Shulovs Bericht zufolge hatte das Gebäude der Abteilung für Botanik keinerlei Schäden erlitten. »Die in den Räumlichkeiten wohnenden Studenten schützten es vor ungebetenen Besuchern«. Auch die Abteilung für Zoologie »wurde nicht durch Bomben beschädigt und entkam damit den Plünderungen«. Das Gebäude für physikalische Chemie war ebenso verschont geblieben: »Fremde konnten nicht eindringen, da einige der wissenschaftlichen Mitarbeiter die meisten Tage der Belagerung dort ausgeharrt hatten«. Ähnlich sei die Situation in der Abteilung für Physik gewesen, deren Geräte ebenfalls weder gestohlen noch zerstört worden waren.

Im allgemeinen Teil seiner Ausführungen konstatierte Shulov:

»Aufgrund von Beschädigungen und weil sich die Sicherheitskräfte zwecks Erfüllung ihrer Aufgaben Zugang verschafften, standen viele Räume während des Artilleriebeschusses offen. Bestimmte Substanzen (vor allem Alkohol) und vielleicht auch kleinere Geräte wurden in dieser Zeit entwendet. Auch gab es Fälle des Diebstahls von Mikroskopteilen, Vergrößerungsgläsern und Schreibmaschinen.«

Zweifellos würden »im Lauf der Zeit, sobald das universitäre Leben wieder seinen gewohnten Gang geht, weitere Fälle von Raub, Zerstörung und Vernichtung infolge von Beutezügen entdeckt werden«.

Wer waren die »Fremden«, die Shulov in seinem Bericht erwähnte? Was hatte es mit den »ungebetenen Besuchern«

auf sich? Der Bericht gibt ihre Identität zwar nicht zu erkennen, doch liefert ein bereits Ende Juni erschienener Bericht von David Ehrlich, der den Scopusberg nach einem siebenwöchigen Daueraufenthalt verlassen hatte, einschlägige Hinweise:

»Der moralische Zustand der Leute am Ort ist sehr heruntergekommen. Die Leute dort sind Familienväter aus der Stadt, die nicht ausgebildet wurden und sich nicht als Soldaten fühlen. Sie behaupten, sie hätten nicht genug Waffen, um den Ort zu verteidigen, und sind sicher, dass er erobert werden wird.«

Mit dem »moralischen Zustand« war selbstverständlich die Stimmung gemeint. Tatsächlich zeugen von der zerrütteten Moral jener, die während der Kampfhandlungen und danach auf dem Berg zurückblieben, auch Hana Harpaz' Tagebuchaufzeichnungen. Die Schwesternschülerin, die in der Exklave bleiben und im Krankenhaus Dienst tun musste, notierte, die Stimmung sei »absolut miserabel«. Da es auch um den »moralischen Zustand« in seiner gängigen Bedeutung nicht zum Besten bestellt war, empfahl Ehrlich dringend, neue Soldaten zu stationieren und »jene abzuziehen, die sich dort nutzlos aufhalten und dem Ort nur zur Last fallen«.

Gesetzlosigkeit ist das Schicksal der Menschen im Krieg, umso mehr auch das der Dinge. War die Universität eben noch eine akademische Einrichtung gewesen und das Krankenhaus eine wissenschaftliche und humanitäre, änderte sich ihr Zweck plötzlich bis zur Unkenntlichkeit. Im Zimmer des getöteten Hadassa-Direktors Yasski waren nun UN-Beobachter untergebracht. Davis beschwerte sich bei der UN-Kommandantur der Exklave darüber, dass die Beobachter Möbel aus Frau Yasskis Privatbesitz benutzten, obwohl diese sie dringend benötige und deren Auslieferung wünsche. Die UN-Vertreter sahen sich nicht in der

Lage, dieser Bitte zu entsprechen, und meinten, die Araber wären gegen die Überführung von schweren Gegenständen und Möbeln von der Exklave in die Stadt. Insgesamt war der Zustand der Krankenhausgebäude alles andere als glänzend. Chaim Shalom Halevi, der stellvertretende Verwaltungsleiter von Hadassa, bemerkte in einem Memorandum, das auf Auskünften eines Mitarbeiters beruhte, der den Scopusberg im Oktober 1948 verlassen hatte, dass dort zwei UN-Inspekteure, der belgische und der französische Offizier, »Feindseligkeit gegenüber den Juden gezeigt« und »ihre Sympathie für die Araber überhaupt nicht verhehlt« hätten, inzwischen aber von zwei neuen Offizieren abgelöst worden seien, die »einen sehr viel besseren Eindruck machen«. Er fügte hinzu, dass von den Gebäuden »vor allem die neue Tuberkulosestation, die alte Kinderstation und die Abteilung für Innere Medizin« beschädigt worden seien. Es sei wichtig, diese Schäden alsbald zu beheben.

Yair Neumond (später Oren), der stellvertretende Verwaltungsleiter der Hebräischen Universität, schätzte, dass 55 Arbeiter für vier bis sechs Wochen und zehn Lastwagen für den Transport von Baumaterial benötigt würden, um die infolge des Beschusses entstandenen Risse in den Wänden und Decken, die zerbrochenen Fensterscheiben, die beschädigten Türen und Rollläden sowie die zerlöcherten Rohre zu reparieren. Die Gelegenheit machte nicht nur Diebe, sondern rief auch die Naturkräfte auf den Plan. Die Zeit dränge, so Neumond; wenn man die Reparaturen nicht vor der Regensaison vornehme, würden »riesige zusätzliche Schäden« entstehen, an den Gebäuden selbst, aber auch am Inventar und an den Büchern – Schäden, die »die gegenwärtigen noch um vieles übersteigen« würden. Auch sein weiteres Anliegen, die Evakuierung von Büchern und Inventar, betrachtete Neumond als dringlich, da man beides zur Eröffnung des Studienjahrs benötige. Seine Bitten richtete er an den Jerusalemer Militärgouverneur Dov Yosef zur Weiterleitung an die UN-Behörden. »Es kann nicht angehen«, bemerkte Neumond verbittert, »dass ein unter der Kontrolle der UNO entmilitarisiertes Gebiet faktisch bedeutet, dass wir die ihrem Schutz anvertrauten Gebäude aufgeben und dann wertvolles, zum Teil unersetzliches wissenschaftliches Material vor ihren Augen zerstört wird und sie tatenlos zusehen«.

Als Militärgouverneur Jerusalems wandte sich Dov Yosef Mitte Oktober an den UN-Beobachter Colonel G. V. Millet, um vor ihm eine lange Reihe von Verstößen gegen die Übereinkünfte im Entmilitarisierungsabkommen auszubreiten. Eine Woche darauf übermittelte er Millet die Bitten der Universität im Hinblick auf die Wiederherstellung der Gebäude auf dem Scopusberg wortwörtlich, allerdings ohne Angabe der genauen Mengen und Zahlen, wobei er sich auf mündliche Zusicherungen von Millets Vorgänger, Colonel Bagley, stützte. Die Antwort, mit der Millet nach Beratung mit dem UN-Stabschef in Jerusalem, General William Riley, aufwartete, war in jeder Hinsicht enttäuschend. So versicherte er zwar, im Rahmen seiner Möglichkeiten bei der Evakuierung der Bücher und des Inventars zu helfen, leugnete jedoch die Existenz mündlicher Absprachen in Bezug auf die Wiederherstellung der Gebäude; angesichts des Wunsches der Jordanier nach einem Abkommen über die Exklave als Ganzes werde diese Frage bis zu ebendiesem neuen Vertrag warten müssen. Yosef war außer sich vor Zorn. Er entgegnete Millet, er könne kaum glauben, dass Riley wirklich empfohlen habe, Zusicherungen eines UN-Beobachters nicht zu befolgen, da diese mündlich gegeben wurden, und dies zu einem Zeitpunkt, da der Beobachter weiter im Dienst der UNO stehe, wenn auch zwischenzeitlich auf einem anderen Posten. Darüber hinaus erboste sich Yosef über die Leichtfertigkeit, mit der man sich von

Garantien für eine bestehende Abmachung befreie, nur weil einer der beiden Vertragspartner den Wunsch hege, eine neue Übereinkunft zu erreichen. Er beharrte auf der Forderung, dass die UNO das bestehende Abkommen und die mündlichen Absprachen garantiere, und betonte:

»Es war den UN-Vertretern glasklar, dass wir der UNO beim Eintritt in dieses Abkommen voll und ganz vertrauten. Wir hätten einem Abzug unserer Truppen nie zugestimmt, wenn man uns zu verstehen gegeben hätte, dass wir damit zukünftig in der Region von dem guten Willen und den Wünschen unserer Feinde abhängen, mit denen wir uns im Krieg befinden.«

Dov Yosefs entschlossene Haltung deckte sich mit der allgemeinen israelischen Position, wie sie Sharet Anfang November im Kabinett darlegte: Israel werde in keine weiteren Verhandlungen eintreten, solange die Arabische Legion die früheren Abkommen breche. In einer Botschaft an den transjordanischen Ministerpräsidenten, die von Eliahu Sasson, dem Leiter der Nahostabteilung im Außenministerium, übermittelt wurde, hatte Sharet sogar gedroht, »die Juden können diesen Anlass nutzen, um seine Soldateska zu schlagen, deren Schicksal dasselbe sein wird wie das Ägyptens im Negev«. Die Drohungen zeigten offensichtlich Wirkung, denn Sharet konnte dem Kabinett berichten, dass die Kommandantur der Legion den UN-Beobachtern übermittelt habe, sie würde von der Revision Abstand nehmen und die Konvois dementsprechend wieder fahren.

Einen detaillierten Bericht zur Lage auf dem Scopusberg lieferte nach seiner Rückkehr der Bibliotheksmitarbeiter Chaim Yahalom, der sich von Mitte Dezember 1948 bis Anfang Januar 1949 dort aufgehalten hatte. Er war zwar, als er das Magazin betrat, zuerst schockiert über den »großen Schmutz«, stellte dann aber rasch fest, dass die Bibliothek nur wenige Granattreffer bekommen hatte und der Schaden mithin gering ausfiel. Noch vor dem Entmilitarisierungsabkommen war es Angestellten der Bibliothek gelungen, den »gesamten alphabetischen Katalog der Bibliothek in allen Sprachen« in Kartons in den Westteil der Stadt zu bringen und in den Privathäusern von Max Eitingon und Arie Leon Simon zu deponieren. Der Schlagwortkatalog hingegen blieb auf dem Scopusberg den Ungewissheiten des Krieges überlassen. Yahalom konnte daher nur mittels Querverweisen nach Titeln suchen, um deren Beschaffung ihn die von ihrer Bibliothek abgeschnittenen Forscher gebeten hatten. Gleichzeitig konzentrierte er verstreute Bücher in abgeschlossenen Räumen, damit die auf dem Berg Stationierten die Bücher und Zeitungen nicht eigenmächtig benutzen würden, und öffnete auch den Lesesaal. Er berichtete zudem von einem pulsierenden gesellschaftlich-kulturellen Leben, etwa von Fußballspielen, bei denen arabische Bewohner von Wadi Al-Joz zuschauten, »so als ob wir uns nicht unter Belagerung befänden«. Yahalom wurde außerdem darum gebeten, vor den Stationierten einen Vortrag über die Bibliothek zu halten und tat dies mit großer Hingabe. Nach dem 50-minütigen Referat beantwortete er Fragen des Publikums – »Bibliotheksfragen« seien für weite Teile des Jischuws ein »unbeschriebenes Blatt«. Yahalom berichtete noch über weitere Beobachtungen, etwa beklagte er, dass faktisch keinerlei Beziehungen zur UNO gepflegt würden, deren Personal im Auguste-Viktoria-Hospital im transjordanischen Teil der Exklave speise: »Sie geraten unter proarabischen Einfluss, und dies zu unserem Schaden.« Es wäre gut, meinte er, wenn die UNO-Leute ihre Mahlzeiten wieder im Hadassa-Krankenhaus einnehmen würden, wie sie es noch vor einigen Monaten taten. »Ich war immer mit Arbeit zugedeckt, sodass mir nie langweilig wurde«, schloss er seinen Bericht. »Und dennoch weiß ich der Familie wegen nicht, ob ich noch einmal zu so einem Besuch bereit wäre, solange die Straße nicht gesichert ist.«

Je mehr Zeit verstrich, desto schwieriger wurde es, Zerstörung und Diebstahl in den verwaisten Einrichtungen auf dem Scopusberg zu verhindern. Die Gegenstände, die sich außerhalb der verschlossenen und bewachten Lagerräume des Krankenhauses befanden und über das gesamte Gelände verstreut waren, luden zum Diebstahl ein. Anfang März 1949 wurde vermerkt: »Das Gepäck der vom Berg zurückkehrenden Wachposten wird oberflächlich kontrolliert, und auch wenn dabei nichts aus dem Besitz der Einrichtung gefunden wurde, sind doch an verschiedenen Stellen im Hof Pakete entdeckt worden, die offensichtlich zum rechten Zeitpunkt nach unten geschafft werden sollen.« Klärungsversuche blieben ohne Erfolg. Die Dynamik der Verwahrlosung erhellt ein Dokument, das der Ingenieur Avraham Cherniak zu jener Zeit an Senator schickte. Mangels technischer Dienste und Strom seien viele der Wachtposten auf dem Berg zu Lagerfeuern und dem Betrieb von Petroleumkochern gezwungen, um sich zu ernähren, weswegen kaum Zeit für Instandhaltungs- und Reinigungsarbeiten bleibe.

»Dies führt zwangsläufig zu einer nachlässigen und verantwortungslosen Beziehung zum Wert des Besitzes, des Inventars, des Orts. Diese Beziehung wird von den jungen Männern, die sich hier alle zwei Wochen ablösen, sofort verinnerlicht. Das erklärt, warum sich die Leute, die im Gebäude wohnen, keine Sorgen machen um so etwas wie Wasser, das von den Decken in Flure und Zimmer tropft; eine aufgebrochene oder zerborstene Tür vermittelt den Eindruck, dass Verwahrlosung der natürliche Zustand ist.«

Der Autor dieser Zeilen lieferte gleich auch noch eine kulturelle Erklärung für den Niedergang mit:

»Wenn man bedenkt, dass viele der jungen Leute neu im Land sind und die hebräische Sprache noch nicht kennen, kann man es verstehen, das ständige ungestörte neugierige Herumstöbern in den Räumen und den Schreibtischschubladen und den Schränken und das Herumdrehen der Dinge wie nach einem ›Pogrom‹.«

Die Kommandanten, betonte er, hätten andere Sorgen des Zusammenlebens, als »Besitz zu beaufsichtigen, der zu einer Abstraktion geworden, von seinen Besitzern zurückgelassen worden ist«.

Noch vor Kurzem waren es Universität, Bibliothek und Krankenhaus. Nun, nach dem Entmilitarisierungsabkommen, geriet ihr eigentliches Wesen in Vergessenheit. Ein allgemeiner Bericht eines Militärpolizisten, der verschickt wurde, um »ein klares Bild von der dort herrschenden Lage« zu geben, konstatierte, dass es Schmuggel »in großem Ausmaß und systematischer Weise« nicht gebe, da die objektiven Bedingungen dies nicht zuließen. Ein großer Teil der Leute gehe allerdings in der Absicht hinauf, »für kleines Geld irgendetwas bei den Arabern zu kaufen, den Bewohnern des benachbarten Dorfs«. Mit einigen Münzen der Mandatsregierung ließen sich »Füller (US-amerikanischer Herstellung), Uhren (schweizerischer Herstellung), Zigaretten (Player's) und Früchte (z.B. Bananen)« erwerben. Aufgrund dieser Informationen und wegen versuchten Schmuggels medizinischer Geräte ließ der Kommandant der Etzioni-Brigade, einer in Jerusalem stationierten Eliteeinheit, Anfang November bei dreißig zurückkehrenden Soldaten eine allgemeine Durchsuchung durchführen. Bei 26 von ihnen, darunter Kommandeure, fanden sich gestohlene Gegenstände – zehn wurden auch vor Gericht gestellt. Oberstleutnant Michael Schechter, der Bezirkskommandant von Jerusalem, und einige Stabsoffiziere erklärten dem stellvertretenden Verwaltungsleiter des Hadassa-Krankenhauses Halevi, dass sie für Einbrüche und Diebstähle durch auf dem Berg Scopus stationierte Armeeangehörige keine Verantwortung übernehmen könnten. »Das Material, das sich derzeit in der Armee befindet, erlaube ihnen auch keine besondere Auswahl bestimmter Einheiten für diese Aufgabe«, so die Behauptung. Die Armee bot dem Krankenhaus an, selbst Wachleute auszuwählen, und zeigte sich überdies bereit, den Betreffenden die Rechte von Militärs zu übertragen. Wie Halevi frustriert bemerkte, änderte auch sein Beharren darauf, dass »diese Bewachung nicht als private Angelegenheit irgendeiner Einrichtung zu betrachten sei, sondern als nationale Angelegenheit«, nichts an dieser Haltung. Die Offiziere des Bezirks seien überzeugt, dass sich »im Hinblick auf den Charakter dieses Ortes dort mehr Wachen befänden als an einem [beliebigen] anderen strategischen Punkt«; ohne einen Befehl und ein besonderes Budget vom Verteidigungsministerium werde sich an dieser Einschätzung nichts ändern. Auch die Vertreter der Universität, die in ähnlicher Weise um eine »interne Bewachung« baten, wurden vertröstet. Ein Universitätsmitarbeiter namens Hoffmann, durch den Halevi von diesem Treffen erfuhr, teilte dazu mit: »Die Vernachlässigung von Hadassa im Bereich der Bewachung des Scopusbergs erweckt den Eindruck, als ob wir nicht mehr beabsichtigten, dorthin zurückzukehren.«

Halevi bemühte sich weiter unermüdlich, zu retten, was gerettet werden konnte. Noch unter dem frischen Eindruck der Exkursion, die er im Juni 1949 auf den Berg Scopus unternommen hatte, berichtete er auch vom Schicksal des Zoologischen Gartens:

»Alle Bewohner des Scopusbergs (die Polizisten unterschiedlicher Ränge, die Belegschaft von Hadassa und der Hebräischen

Universität) sprechen mit großem Mitleid über die Situation der Tiere, die ohne ausreichende Nahrung in Käfigen sitzen, und vor allem über den Löwen, der vor Schwäche nur noch liegt, wie man mir sagte, und keine Kraft zum Aufstehen mehr hat.«

Der Grund dafür sei, dass das für seine Ernährung nötige Fleisch nur bei den Bewohnern des Dorfs Issawiya erworben werden könne, die sich jedoch weigerten, israelisches Geld anzunehmen, während wiederum »palästinensisches Geld« nicht zur Hand sei. »Vielleicht wird sich in Tel Aviv ein Rat gegen das Devisengesetz finden lassen, um den stolzen ›König der Tiere‹ vor dem Verhungern auf dem Scopusberg zu retten«, äußerte er seine Hoffnung gegenüber dem hingebungsvollen Zoodirektor Shulov. Dass dem Löwen derlei widerfahren würde, war nicht zu erwarten gewesen. Seine Zukunft schien gesichert, als der Freundeskreis des Jerusalemer Zoos Anfang 1947 der Hebräischen Universität die Bitte vortrug, den Tierpark »im an die Hauptstraße angrenzenden Hain des Amphitheaters« auf dem Universitätsgelände unterzubringen. Zuvor hatte die Mandatsregierung gefordert, das Gelände des Zoos in der Stadt zu räumen, um dort eine Wohnsiedlung für demobilisierte Soldaten zu errichten. Die Universität beschloss nach einigem Zögern, dem Ansinnen zu entsprechen. Man solle damit jedoch noch nicht an die Presse gehen und sich dem Zoo gegenüber so lange nicht verpflichten, bis die »Forscher nicht bestätigen, dass der Zoo einen Wert in Bezug auf die wissenschaftliche Arbeit der Universität« habe, und »die Experten versichern, dass die Ansiedlung des Zoos auf diesem Areal die Universität nicht durch die Gerüche und die Geräusche« störe. Am 18. November 1947 übermittelte Zoodirektor Shulov Senator freudig, dass die Vorbereitungen zum Umzug des Zoos an seinen neuen Ort »auf befriedigende Weise« voranschreiten würden; er freue sich sehr darauf, ihm den Zoo bei nächster Gelegenheit zu zeigen. Aber die Freude war nur von kurzer Dauer. Noch Ende desselben Monats verabschiedete die UN-Vollversammlung den Teilungsplan, jenen Plan, der sich binnen kurzer Zeit als schicksalsschwanger entpuppen sollte, nicht zuletzt für die Bewohner des Scopusbergs. Wenngleich die Überführung der Tiere am 23. Januar geglückt und der Großteil in ihren neuen Gehegen untergebracht war, ohne dass eines zu Schaden kam, musste Shulov die städtischen Behörden gleich darauf auf Schwierigkeiten bei der Beschaffung von Gemüse zur Ernährung der Tiere und die geringe Zahl von Besuchern hinweisen. Abgesehen von dem Umzug an den neuen Ort, der unter normalen Umständen für große Freude gesorgt hätte, berichtete Shulov der Universität Mitte Februar 1948, dass der Besuch des Zoos durch die Einwohnerschaft Jerusalems infolge der aktuellen Situation »völlig zum Erliegen gekommen« sei. Während die Einkünfte des Zoos sanken, wuchsen aufgrund der Sicherheitsvorkehrungen die Ausgaben. In seiner Not bat der Freundeskreis die Hebräische Universität um Hilfe für die »Zeit der Belagerung«. Daraufhin wurde ein Kredit gewährt in der Hoffnung, dass alles bald wieder seinen gewohnten Gang nehmen werde.

Während der Zoo unter den Sicherheitsproblemen und dem Ausbleiben von Besuchern litt, wurde in Eile das Tierhaus geräumt, in dem sich Tiere befanden, deren Bedeutung für die Wissenschaft seit jeher außer Frage stand. Seit seiner Errichtung im Jahr 1927 lebten in dem Haus Versuchstiere, die in den Dreißiger- und Vierzigerjahren in Farmen und Zuchtanstalten des Jischuws gezüchtet oder zu nicht unerheblichen Preisen im gesamten Nahen Osten, in Syrien und vor allem in Ägypten, erworben worden waren. Das Tierhaus wurde bereits Mitte März 1948 in eine provisorische Unterkunft unweit des ehemaligen Syrischen Waisenhauses verlagert. Ende Juli hieß es, trotz schweren Beschusses sei es den Arbeitern »unter außergewöhnlichen Anstrengungen gelungen, nicht nur den Bestand zu schützen, sondern die Aufzucht in einen Zustand zu bringen, der den Anforderungen der Abteilungen für Parasitologie, Physiologie und Endokrinologie sowie den Laboren von Hadassa und der Regierung« genüge. Die Versuchstiere wurden Ende 1948 in ihre neue Behausung in der Westjerusalemer Ovadia-Straße 24 gebracht – ein Areal, das die neben dem Sitz des Militärgouverneurs gelegene Beschlagnahmungsbehörde der Universität aus konfisziertem arabischem Besitz zur Verfügung gestellt hatte. Der Universität war geraten worden, es rasch zu beziehen und nicht bis zum Ende des Beschlagnahmungsverfahrens zu warten; die Formalitäten könnten später geregelt werden. Der Löwe, die Bären und die übrigen Tiere auf dem Scopusberg verbrachten hingegen den Winter ohne Besucher. Anfang 1948 wandte sich Shulov in offenkundiger Verbitterung an den Bürgermeister von Jerusalem, um ihm über die Situation in den vergangenen Monaten zu berichten:

»Der Zoo hat, abgekoppelt von der Stadt, unter Granat- und Scharfschützenbeschuss fortexistiert und ernährt sich von Resten aus den Kantinen von Hadassa und der Hebräischen Universität, während die Raubtiere mit Hunden und Katzen gefüttert werden, die die Zoomitarbeiter erlegen konnten. Einige Vögel und Tiere sind mangels geeigneter Nahrung und an Schussverletzungen verendet. Zwei Sicherheitskräfte wurden beim Besuch des Zoos von Scharfschützen verwundet. Die Fütterung der Tiere findet wegen akuter Lebensgefahr zwischen 10 und 11 Uhr abends statt.«

Nun, nach dem Entmilitarisierungsabkommen, »da die wichtigsten Tiere und Vögel noch am Leben« waren, erwartete Shulov von der »Stadtverwaltung des *hebräischen*

Jerusalems« angemessene Unterstützung. Mit spürbarem Groll schrieb er: »Wenn die anglo-arabische Stadtverwaltung durch ihre Unterstützung den Umzug des Zoos ermöglicht hat, wird dann die hebräische Stadtverwaltung – noch dazu in der Stunde der Not – ihre Hilfe verweigern?« In Anbetracht der Finanzlage sah sich die Stadtverwaltung aber gezwungen, ihm die Bitte abzuschlagen.

Macht und Geist

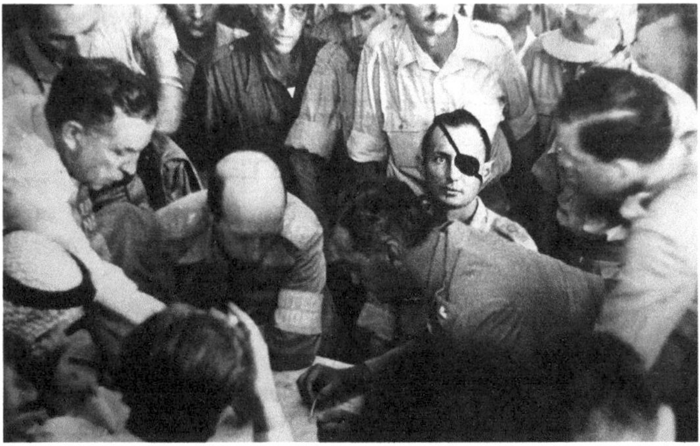

Mosche Dajan und Abdullah at-Tall bei der Unterzeichnung des Feuereinstellungsabkommens in Musrara, Jerusalem, 30. November 1948. Wikimedia Commons (gemeinfrei).

Der Scopusberg war eine von vielen Stätten, für die eine Lösung gefunden werden musste, als Transjordanien und Israel sich anschickten, die mit der vorübergehenden Waffenruhe in Kraft getretene Grenzlinie in eine Grenze zu übersetzen, die zwar auch provisorisch sein würde, aber von beiden Seiten akzeptiert und verpflichtend. Die Verhandlungen darüber oblagen Abdulla at-Tall, den König Abdallah zum Militärgouverneur Ostjerusalems ernannt hatte, und Mosche Dajan, der zu jener Zeit als Kommandant der Etzioni-Brigade (und des Bezirks Jerusalem) fungierte, nachdem er im Juli den an der Befreiung der Altstadt gescheiterten Schaltiel abgelöst hatte. Ihre Gespräche führten umgehend zu einem Ergebnis: Am 29. November einigten sie sich in Anwesenheit eines UN-Beobachters und dreier Mitglieder der Waffenstillstandskommission im damaligen Jerusalemer UN-Hauptquartier Government House auf den Entwurf eines Feuereinstellungsabkommens entlang der Frontlinie zwischen Bait Dschala und Bethlehem im Süden, Ramallah im Norden und Latrun im Westen. Am Tag darauf unterzeichneten sie offiziell das Abkommen über die »vollständige und aufrichtige Feuereinstellung« für Großjerusalem. Diesem war ein Zusatz beigefügt, der abermals die im Abkommen über die Entmilitarisierung der Scopusberg-Exklave vom 7. Juli 1948 formulierten Vereinbarungen bekräftigte. Der Zusatz regelte unter anderem die periodische Ablösung israelischen Personals in der Exklave und die laufende Versorgung durch regelmäßige Konvois zu Beginn der ersten und dritten Woche jedes Monats – eine komplizierte Angelegenheit, die eine Reihe von Missverständnissen und Differenzen nach sich zog, für deren Beilegung im Oktober 1950 ein weiteres Abkommen erforderlich wurde. Nachdem das Feuereinstellungsabkommen vom November 1948 unterzeichnet war und König Abdallah sich Anfang Dezember auf der Jericho-Konferenz mit Beschlüssen zur Annektierung des Westjordanlands durch Transjordanien abgesichert hatte, konnte er die Verhandlungen mit Israel beschleunigen. Diese führten schließlich zur Unterzeichnung des Waffenstillstandsabkommens am 3. April 1949 auf Rhodos. Da dieses Abkommen im Unterschied zu jenem vom November bilateral, nicht trilateral war und seine Vereinbarungen zum Teil unterschiedlich und widersprüchlich – sie wurden einmal durch eine vereinbarte Karte präzisiert, ein andermal ohne eine solche festgelegt –, hinterließ es eine Grauzone und weckte Zweifel, die in den folgenden Jahren ständig für Spannungen und Missverständnisse sorgte. Israel setzte seine Hoffnung auf Artikel 8 des Abkommens, der bestimmte, dass ein spezielles israelisch-transjordanisches Komitee über alle von einer der Seiten aufgebrachten Fragen verhandeln werde, über die bereits eine prinzipielle Übereinkunft erzielt wurde, und ebenso über »die Wiederaufnahme des regulären Betriebs der kulturellen und humanitären Einrichtungen auf dem Scopusberg und die freie Zufahrt zu ihnen«. Transjordanien entsprach diesem Artikel in der Folge allerdings nicht und weigerte sich, in gemeinsamen Sitzungen über die Stellung der jüdischen Einrichtungen zu verhandeln und diese zum regulären Betrieb zurückzuführen. Begründet wurde die Haltung mit Sicherheitsproblemen.

»Nicht durch Macht und nicht durch Kraft, allein durch meinen Geist!« Den Vers des Propheten Sacharja (4,6) hatte Magnes bei der Eröffnung des Instituts für Jüdische Studien im Jahr 1924 zitiert, um die Universität als Höhepunkt jenes Kulturzionismus zu präsentieren, der jenseits der Frage staatlicher Existenz auf die Errichtung eines geistigen Zentrums hinarbeitete. Diese Unterscheidung, die schon zur Zeit des Mandats schwierig und widersprüchlich war, wurde mit der Verwirklichung jüdischer Souveränität im Land Israel faktisch hinfällig. Als die Hebräische Universität seinerzeit auf 810 Metern Höhe über dem Meeresspiegel gegründet wurde, waren der Glanz vergangener Zeiten und der Blick auf die heiligen Stätten ihre zentralen Charakteristika; nun, ein Vierteljahrhundert später, war ihre topografische Lage zu einem signifikanten strategischen Faktor geworden. Der Geist auf der einen und Macht und Kraft auf der anderen Seite standen einander auf einmal diametral gegenüber. Seit die Universität in der Exklave eingeschlossen war, taten sich Abgründe auf zwischen ihren Zielen und Einschätzungen und denen der Militärs und Politiker. Ben-Gurion lehnte zwar in der Kabinettssitzung im Oktober 1948 eine neuerliche Besetzung des Scopusbergs unter anderem wegen der Befürchtung ab, dass ein Scheitern die Arabische

Legion veranlassen könnte, die Gebäude der Universität zu zerstören, was wohl die Vernichtung der National- und Universitätsbibliothek bedeuten würde. Doch ungeachtet aller prinzipiellen Sensibilität räumte der israelische politische Apparat strategischen Erwägungen naturgemäß Vorrang ein.

Bereits Ende März 1949 beschwerte sich Senator bei Eytan, dass die Haltung der Universität in den Waffenstillstandsverhandlungen zwischen Israel und Transjordanien auf Rhodos keinerlei Berücksichtigung finde. In seinem ebenso herzlichen wie unmissverständlichen Brief erläuterte Senator, dass der Universität und dem Hadassa-Krankenhaus die allgemeine politische und militärische Bedeutung des Scopusbergs bewusst sei, man aber dennoch »ein besonderes Interesse« an diesem habe: »*Wir* haben eigene Vorstellungen von *unseren* Bedürfnissen und von dem Wert dieses Ortes.« In einem zähen und schmerzhaften Trial-and-Error-Prozess musste die Universität erkennen, wie an ihrer Stellung genagt wurde. Dies zeigte sich beispielsweise bei dem Versuch des stellvertretenden Verwaltungsleiters Neumond, direkt bei dem UN-Offizier Marcel Delseries vorstellig zu werden, um ihn in der Frage der Evakuierung von Büchern und Inventar in Konvois um Unterstützung zu bitten. Delseries leitete das Gesuch an den israelischen Verbindungsoffizier weiter und bemerkte dazu, er habe sich zwar mit Neumond getroffen und guten Willen gezeigt, könne diesen aber nicht als jemanden betrachten, mit dem er offiziell über die ihm als UN-Vertreter obliegenden Angelegenheiten verhandeln würde. So werde er künftig nur auf Anfragen antworten, die ihn über die anerkannten Kanäle erreichten. Neumond erhielt seinen Brief von Dajan samt der beigefügten Reaktion des UN-Offiziers zurück, aber ohne ein Begleitschreiben.

Dajan war zu jener Zeit von anderen Problemen absorbiert. Während Israel beharrlich darauf drängte, die Bestimmungen des Artikels 8 in die Tat umzusetzen, erkannte Transjordanien in den Monaten nach der Unterzeichnung des Waffenstillstandsabkommens zunehmend das Potenzial des Scopusbergs als Druckmittel. Unter dem Vorwand von Sicherheitszwängen schob es die Umsetzung des Artikels hinaus in der Hoffnung darauf, dass es gelingen würde, in zukünftigen Verhandlungen die Rückgabe der südlich gelegenen Stadtviertel zu erreichen, die sich zu der Zeit in israelischer Hand befanden. So ging Dajan davon aus, dass »die Araber« ihre Position im Hinblick auf den Scopusberg »verhärtet« hätten und gar nicht mehr nach einer Lösung suchten. Aufgrund dieser Einschätzung erwog er verschiedene Alternativen, darunter – trotz der damit verbundenen Nachteile und Einschränkungen – sich mit dem Status quo abzufinden, aber auch eine Eskalation und das Vorantreiben einer militärischen Lösung oder einen Appell an die UNO, für die Umsetzung des Waffenstillstandsabkommens einschließlich Artikel 8 einzustehen. Zurückhaltend und entschieden zugleich erläuterte Dajan gegenüber Neumond die Zwänge der Situation: Israels rechtliche Grundlage für die von Neumond vorgebrachten Forderungen sei zu instabil, meinte Dajan. Bücher, Arbeiter, Inventar und Besucher herunterzubringen sei, wenngleich im Grundsatzabkommen darauf hingewiesen werde, »nicht Teil unserer unbestrittenen Rechte«, schrieb er. Sich deswegen an »die Araber« zu wenden, bedeute »die Bitte um einen Gefallen – für einen Gefallen«, den er ihnen tue. Er habe nichts dagegen, betonte Dajan, dass die Universität über einen direkten Kontakt zur UNO ihr Glück versuche; aber wenn dieser Kontakt nicht trage und der Universität an seiner Hilfe gelegen sei, dann werde dies »durch meine regulären Verbindungspersonen zur UNO geschehen und nicht über Ihre Leute«. Doch nicht einmal dahingehend wollte Dajan allzu große Hoffnungen wecken: Wenn die Universität seine Hilfe in

Anspruch nähme, würde er betonen müssen, dass »dieser Zeitpunkt nicht der richtige sei für irgendwelche ›Bitten um einen Gefallen‹«. »Ich bin derzeit nicht bereit, zugunsten von Besuchern oder dem Herunterbringen von Büchern und Inventar zu intervenieren.« Zusätzliche Spannungen machten sich bei punktuellen Initiativen bemerkbar, etwa als der französische Konsul sich einschaltete, um die Universität dabei zu unterstützen, für Lehrzwecke französische Bücher in den Westteil der Stadt zu bringen. Als bekannt wurde, dass dafür ein Vertreter der Arabischen Legion plane, die Universitätsbibliothek zu betreten, um die französischen Bücher zu prüfen, zeigte sich der Einsatzoffizier des Bezirks Jerusalem alarmiert und erklärte dem israelischen Vertreter im israelisch-transjordanischen Waffenstillstandskomitee: »Wir werden dort keinem Offizier der Legion Zugang gewähren. Allerhöchstens werden wir erlauben, dass die Bücher auf den Hof von Hadassa gebracht und dort geprüft werden.«

Was für ein Gewicht dem Berg Scopus innerhalb der allgemeinen politischen Fragen zukam, die auf der Tagesordnung standen, zeigt die Kabinettssitzung vom 19. Juli 1949. Die Regierungsmitglieder sahen angespannt der bevorstehenden UN-Vollversammlung entgegen. Sie hofften, dass »dieses Unglück«, wie Sharet es nannte, nicht zur Debatte stehen werde, und bemühten sich gleichzeitig, die Themen zu priorisieren. Abba Eban, der zu der Sitzung hinzugezogen wurde, war überzeugt: »Die Flüchtlinge sind dringlicher als Jerusalem […] und auch die Grenzen sind nicht dringlich.« »Die Frage Jerusalems ist sehr zermürbend«, betonte Sharet, »nichts bewegt sich in Bezug auf den Scopusberg und auch nicht in Bezug auf irgendetwas anderes«. Er ging zwar davon aus, dass Israel seine Stellung auf dem Scopusberg werde halten können, aber die Vorstellung, »dass wir ewig nicht mehr zur Universität, zur Nationalbibliothek und zum Krankenhaus zurückkehren können«, fand er schlimm. Darüber schien unter den Kabinettsmitgliedern Einigkeit geherrscht zu haben – abgesehen von der ketzerischen Haltung, die der Religionsminister und Vertreter der Vereinten Religiösen Front, Rabbiner Yehuda Leib Maimon (Fishmann), zum Ausdruck brachte: »Ich halte zwei Dinge auf dem Scopusberg für wichtig, die Nationalbibliothek und ›Hadassa‹. Die Universität lässt sich an einem anderen Ort errichten [...] und das Krankenhaus kann man an einem anderen Ort errichten, aber nicht die Klagemauer.« Dies war die Position einer Minderheit, genaugenommen die eines Einzelnen. Unter den übrigen Regierungsmitgliedern hatte sich von selbst die Neigung verstärkt, sich mit der Internationalisierung der heiligen Stätten zu arrangieren, während sie die Herrschaft über den Scopusberg als brennende Frage empfanden. Bei der Suche nach einer Antwort verwies Sharet auf die entmilitarisierten Gebiete zwischen Israel und Syrien als Präzedenzfall; dort sei unter UN-Kontrolle wieder das »zivile Leben« eingekehrt. Im Geiste dieses Präzedenzfalls werde die UNO sich die Schaffung eines »Regimes« auf dem Scopusberg auferlegen, welches eine Wiederaufnahme des Universitäts- und Krankenhausbetriebs ermögliche. Offensichtlich war Sharet selbst nicht begeistert von der Idee. Im weiteren Fortgang der Debatte erklärte er nämlich, dies sei eine fragile Bürgschaft, denn »wenn Krieg zwischen uns ausbricht, wird keine UNO Truppen schicken, um dieses entmilitarisierte Gebiet zu schützen«. Insofern müsse prinzipiell gelten, »dass wir uns auf uns selbst verlassen und nicht auf die UNO«.

Das Schicksal der Universität auf dem Scopusberg, ihrer Bibliothek und ihrer Sammlungen war unter den neuen Bedingungen einer neuartigen Logik unterworfen, unmittelbaren Zwängen, aber auch der grundsätzlichen Position des Staates Israel zur Zukunft Jerusalems. Die Frustration im

Kreis der Gelehrten wuchs. »Es ist uns in den vergangenen Monaten nicht gelungen, auch nur ein einziges Buch vom Scopusberg herunterzuholen«, schrieb Curt Wormann, der im Jahr zuvor erst zum Hauptbibliothekar, dann zum Bibliotheksdirektor ernannt worden war, und brachte damit die allgemeine Situation Ende September 1949 auf den Punkt. In einem Memorandum, das er auf Bitten von Senator »in grellen Farben« abfasste, betonte er »die Schwierigkeiten unserer Arbeiten und nicht die trotz allem von uns erzielten Erfolge«. Das Memorandum behandelte die Lage der Bibliothek, die provisorischen Lösungen für die Unterbringung der Bücher und die Lesesäle, die sich im Westteil der Stadt befanden und – in einer anderen universitären Denkschrift – als »Bibliothek im Exil« bezeichnet wurden. Mithilfe dieser Dokumente suchte Senator seine Beziehungen »in der kulturellen wie auch politischen Welt« zugunsten der Bibliothek zu aktivieren. Das Außenministerium fand sich bereit, Senator Ende 1949 zu ermöglichen, in die Vereinigten Staaten zu reisen, dort seine Vorstellungen wie auch die der Universität darzulegen, die im Wesentlichen auf die Umsetzung von Artikel 8 des Waffenstillstandsabkommens abzielten. Dabei verhielt sich das Ministerium selbst jedoch gegenüber Senators Mission gleichgültig, da es ohnehin andere Ziele im Blick hatte. Dem unabhängigen Vorgehen der Universität wurde unterdessen die Gunst entzogen. Das Schicksal der Universität auf dem Scopusberg war jetzt der grundsätzlichen Haltung des Staates Israel in Bezug auf die Zukunft ganz Jerusalems untergeordnet, wie die an Werner Senator gerichteten Worte Abba Ebans, zum damaligen Zeitpunkt Gesandter Israels bei den Vereinten Nationen, bezeugen: »Die Frage des Scopusbergs von der Verteidigung unserer Stellung in Jerusalem zu isolieren, scheint mir unserer politischen Strategie, für deren Steuerung bei der UNO ich der direkte Verantwortliche bin, taktisch zu schaden.«

Während die jüdischen Einrichtungen in der Exklave manövrierunfähig blieben, veränderte sich der offizielle Status Jerusalems von Grund auf. Mitte August 1949 präsentierte der »Vermittlungsausschuss« dem UN-Generalsekretär einen Vorschlag zur Internationalisierung der Stadt. Israel wies den Vorschlag zurück, der sich in der Rückschau als moderater erweist als der, den die australische Delegation vorbrachte: die Stadt permanent einem internationalen Regiment zu unterstellen, eine Entscheidung, die zum Missfallen Israels und Transjordaniens bei der UN-Vollversammlung am 9. Dezember 1949 mit überwältigender Mehrheit als Resolution 303 verabschiedet wurde. Im Gegensatz zu der zögerlichen und vorsichtigen Haltung Chaim-Moshe Shapiras und einiger Kabinettsmitglieder, insbesondere Außenminister Sharets, fasste die Regierung in ihrer Sitzung am 11. Dezember 1949 (anderthalb Tage nach der UN-Resolution) den offiziellen Beschluss, ihre Ministerien von Tel Aviv nach Jerusalem zu verlegen. Vier Tage darauf bestätigte die Knesset den Umzug nach Jerusalem. Israel nahm zwar davon Abstand, dies gesetzlich zu verankern, die Regierung verkündete jedoch: »Mit der Gründung des jüdischen Staates wird auch Jerusalem wieder zu dessen Hauptstadt.« Diese einseitigen Schritte beeinflussten Israels direkte Verhandlungen mit Transjordanien nicht, da ja beide Staaten ein gemeinsames Interesse daran hatten, die internationalen Bemühungen um eine Internationalisierung der Stadt zu untergraben. Bei den Treffen König Abdallahs und seiner Vertreter mit denen Israels wurden die künftigen Möglichkeiten eines Tauschs von Gebieten, einer Neubesiedlung des jüdischen Viertels der Altstadt und einer Kontrolle über den Scopusberg erwogen. In ihren internen Unterredungen konzentrierte sich die Regierung auf den Zusammenhang, der bei den Verhandlungen zwischen der Gewährung des transjordanischen Zugangs nach Bethlehem und dem israelischen Zugang zum Scopusberg herzustellen sei, und auf die grundsätzliche Korrelation zwischen einem zukünftigen direkten Abkommen und den Waffenstillstandsabkommen. Transjordanien widersetzte sich allerdings diesem Vorschlag, nachdem Glubb Pasha gewarnt hatte, dass eine Übertragung der Kontrolle des Scopusbergs, der für die militärische Kontrolle von ganz Jerusalem von Bedeutung sei, an Israel darauf hinauslaufe, das arabische Jerusalem dem guten Willen der Juden anheimzustellen. Kurze Zeit später, im April 1950, annektierte das Haschemitische Königreich das Westjordanland und damit auch das 1948 von ihm eroberte Ostjerusalem. Hier wie dort wurde jordanisches Recht eingeführt. Entgegen dem, was in der Teilungsresolution de jure vereinbart worden war, existierte Jerusalem also fortan nicht mehr als *corpus separatum* und war de facto zwischen Israel und Jordanien geteilt.

Fauna

Im Juni 1950 wurden die letzten Tiere des Zoologischen Gartens, die unter verheerenden Umständen auf dem Berg Scopus überlebt hatten – darunter ein Löwe – verladen und nach Jerusalem verlegt. Courtesy of the Central Zionist Archives, Jerusalem.

Im Januar 1950 inspizierte der Ingenieur, der die Bibliothekssäle vor den Kampfhandlungen befestigt hatte, den Berg Scopus und berichtete im Anschluss über den Zustand der Bücher und Sammlungen in der Exklave. Verständlicherweise war sein Blick nicht der eines Bibliothekars:

»Das schwere Problem der Durchlüftung«, so der Ingenieur namens Teller, »fand seine Lösung in den damaligen Taten der Legion. Durch die Fenster, die wegen des Granatbeschusses und der Druckwelle zerbarsten, dringt frische Luft ein, die durch die schmalen obersten Ritzen der geschlossenen Fensterläden ins Innere gelangt.« Ein von »Gaffern« aufgerissener Spalt in der Hintertür des neuen Flügels habe es Mäusen ermöglicht, in die Magazine zu gelangen. Die Schädlinge hätten »es geschafft, eine gewisse Zahl von Buchrücken abzunagen oder die Signaturschilder bzw. Teile derselben«. Den Schaden befand Teller für »geringfügig«, vor allem nachdem er die Mäuse als »Feldmäuse« identifiziert hatte. Er verstopfte den Spalt und behob das Problem im Zuge eines breiter angelegten Programms zur Schädlingsbekämpfung mithilfe eines erfahrenen Arbeiters, den Shulov angeleitet hatte.

Fast sämtliche Versuche, zu jener Zeit einzelne Gegenstände aus der Scopusberg-Exklave zu retten, waren zum Scheitern verurteilt. Die Organisatoren einer geplanten Ausstellung von Palästinakarten im Amtssitz des Ministerpräsidenten ersuchten den Büroleiter des Generalstabschefs darum, für sie Stücke aus der Kartensammlung der Nationalbibliothek herunterzuholen. Das Gesuch wurde an den Stabsoffizier in der Waffenstillstandskommission weitergeleitet, der sich zu der Erklärung gezwungen sah, dass »jede Veränderung des Status quo auf dem Scopusberg mit großen Schwierigkeiten verbunden ist, sofern sie überhaupt realisiert werden kann«. Die Jordanier ließen es noch nicht einmal zu, die Gerätschaften der onkologischen Abteilung des Hadassa-Krankenhauses vom Berg herunterzubringen, obwohl es sich hier um eine auch arabischen Patienten zugutekommende humanitäre Aktion gehandelt hätte. Umso mehr würde, so die Überzeugung des Stabsoffiziers, »eine *Entfernung von Landkarten* von T. [Trans]

J. [Jordanien] als Überführung von militärisch wertvollem Material betrachtet werden«, weswegen er keine Möglichkeit sehe, »ihre Zustimmung zu erwirken. Ich denke, dass es auch nicht notwendig ist, diese Frage überhaupt auf den Tisch zu bringen.«

Einige Male glückte die eine oder andere private Initiative, so etwa das von Bentwich vermittelte Gesuch der Witwe von Magnes an den UN-Kommandanten in Jerusalem, die persönlichen Papiere ihres verstorbenen Gatten zu erhalten. Womöglich lag es an Magnes' Stellung und seinen besonderen Beziehungen zur arabischen Seite, dass die Jordanier sich gegenüber der UNO bereit erklärten, der persönlichen Sekretärin von Magnes, dem für das Archiv Verantwortlichen und Bentwich zu gestatten, sich für drei Stunden in der Exklave aufzuhalten und die Dokumente mit einem gesicherten Konvoi herauszuschaffen. Eine direkte amerikanische Intervention machte im April 1950 einen Besuch in der Exklave möglich, der einer weiteren Sammlung galt: fünf Kisten mit 366 Handschriften, die nach der nationalsozialistischen Vernichtung jüdischen Kulturguts in Europa gerettet wurden und sich bei Kriegsende in der amerikanischen Besatzungszone Deutschlands befunden hatten. Die Hebräische Universität als Mitglied der Dachorganisation Jewish Cultural Reconstruction hatte sie in ihre Obhut genommen, nun forderten die amerikanischen Behörden, sie vom Scopusberg zu entfernen. Nach einer Intervention der UNO durfte eine Expertendelegation, darunter Bibliotheksdirektor Wormann, Gershom Scholem und der Bibliothekar Shlomo Shunami, die Exklave für neun Stunden besuchen und den Zustand der Handschriften in den Kisten prüfen. Obwohl die Mitglieder der Delegation bereit waren, gemäß der transjordanischen Forderung mit verbundenen Augen in einem offenen Fahrzeug zu fahren, scheiterte der erste Anlauf zu einem solchen Besuch, da die

Jordanier strikt darauf bestanden, einen arabischen Experten hinzuzuziehen. Dabei begründete die Delegation ihre Weigerung wie folgt: »Unsere Zustimmung zu so etwas würde einen gefährlichen Präzedenzfall schaffen, zumal wir nicht die Absicht haben, die Handschriften in das hebräische Jerusalem hinunterzubringen.«

Anders als die Bibliothek und die universitären Sammlungen, die vom Berg herunterzuschaffen – von einigen sisyphoshaften Versuchen der Rettung von Einzelstücken abgesehen – in keiner Weise beabsichtigt war, harrte der Zoo seines angekündigten Transfers vom Berg Scopus. Die Verantwortlichen bemühten sich um eine Alternative im Westteil der Stadt, beschäftigten sich mit der Frage der Beschlagnahmung eines geeigneten Grundstücks und mit der Finanzierung. Parallel dazu wandten sie sich über die UN-Waffenstillstandskommission an die transjordanischen Behörden, um die Zustimmung zur Überführung der Tiere in ihren Käfigen zu erhalten. In den ersten Monaten des Jahres 1950 glaubte Shulov, der Umzugstermin stehe unmittelbar bevor, und machte sich sogar Sorgen darüber, dass »wir zu dem Zeitpunkt, an dem wir die Zustimmung dazu erhalten, nicht bereit sein werden, die Tiere vom Berg herunterzuschaffen«. Doch dann wurde die Lage abermals kompliziert. Im Mai 1950 einigte man sich zwar in der Waffenstillstandskommission auf die Überführung der Tiere in die Stadt, doch zur selben Zeit weigerten sich die Jordanier, die Erhöhung der Futtermenge für die »Fleischfresser unter den Tieren« zu ermöglichen. Die Versorgung mit Eselsfleisch durch Einwohner Issawiyas war einige Monate zuvor eingestellt worden, nachdem herauskam, dass ein gewisser A. P., der von Shulov mit der Pflege der Tiere betraut worden und für den Fleischerwerb auf dem Scopusberg verantwortlich war, die Beziehungen zu den Dorfbewohnern zum Verkauf von Hehlerware nutzte. Dies war nicht der einzige Fall.

Chen, der Verwaltungsassistent der Universität, berichtete von drei Polizisten, die beim Verkauf von Telefongeräten, die sie Wachtposten entrissen hatten, an Dorfbewohner aufgegriffen und zu 18 Monaten Haft verurteilt wurden. Israel Schild, der Ende 1949 für einen Monat als »Besitzwächter« auf den Scopusberg geschickt wurde, führte eine genaue Kontrolle durch, brach den Kontakt mit den Einwohnern von Issawiya ab und berichtete, während diese versuchten, Handelsbeziehungen mit den Wachleuten vor Ort herzustellen, »überziehen sie diese mit Drohungen und, wenn es nötig ist, auch mit Gewehrfeuer«.

»Während dieser zwei Monate ist es uns nur einmal gelungen, Fleisch hinaufzubringen«, berichtete Y. Eldar, ein Mitglied des Freundeskreises des Jerusalemer Zoos, Generalstabschef Yigal Yadin. »Danach hungerten die Tiere zwei Wochen lang. René Neuville, der französische Generalkonsul, versuchte, einen Esel herbeizuschaffen und so die Tiere zu retten. Die Araber willigten erst ein und weigerten sich dann.« Bestürzt stellte der Freundeskreis fest, dass die verzögerte Evakuierung der Tiere der israelischen Seite zuzuschreiben war, die ihren Standpunkt überraschenderweise geändert hatte. Der Vertreter des Freundeskreises unterrichtete den Generalstabschef, dass die Weigerung zum Tod der verbliebenen Tiere führen würde, und schloss trotzig: »Es ist schwer zu verstehen, auf welchem Altar diese Tiere geopfert werden und welchen Nutzen ihr Tod Israel bringt.« Die Armee nahm dies nicht auf die leichte Schulter und wollte keinesfalls für den Tod etwa der beiden Syrischen Braunbären verantwortlich sein, der »Einzigen auf der Welt außer einem Paar in England«. Der Stellvertreter des Generalstabschefs, Mordechai Maklef, antwortete umgehend, nach Ansicht des Generalstabs spreche nichts dagegen, die Tiere vom Berg herunterzuschaffen. Der Herd des Widerstands sei das Außenministerium, und sobald dieses seinen Widerstand aufgebe, könne die Evakuierung der Tiere erfolgen. Maklef verwies auf Reuven Shiloach, den politischen Berater des Außenministeriums, und setzte sämtliche Zuständigen in Kenntnis, darunter den Außenminister. Allerdings bedurfte es noch weiterer Überzeugungsarbeit. Im Oktober 1950 war die Verlegung der Tiere in die Stadt endlich abgeschlossen und der Bürgermeister wurde zum Besuch ihres neuen Domizils eingeladen. Wenn Shulov sich recht erinnerte, waren von den 200 Tieren, die bei Eröffnung des Zoos drei Jahre zuvor auf den Scopusberg gebracht wurden, lediglich 18 übriggeblieben, darunter auch der Löwe und die beiden Syrischen Braunbären – nachdem »die meisten der Tiere, die freigelassen werden konnten, ohne Menschen zu gefährden, freigelassen worden waren. Ein Teil wurde durch Scharfschüsse getötet und ein Teil starb infolge der Unmöglichkeit, geeignetes Futter und medizinische Versorgung zu beschaffen«.

Der Widerstand des Außenministeriums gegen die Verlegung des Zoos in den Westteil der Stadt – von dem es schließlich abrücken musste, da die Not der Tiere eine humanitäre Entscheidung erforderte – hatte prinzipielle Beweggründe, die den kulturellen und medizinischen Besitz als Ganzes betrafen und in der Auseinandersetzung zwischen dem Ministerium und den Gelehrten ständig zur Sprache kamen. Mitunter scheinen Letztere kein rechtes Verständnis vom Ort gehabt zu haben; in jedem Fall vermochten sie nicht die Zeichen der Zeit zu erkennen. Der Zuständige für die Bibliothek der Medizinischen Fakultät, Felix Bergmann, bat Moshe Sharet Ende 1950 darum, die wissenschaftlichen Bibliotheken und insbesondere die Zeitschriftensammlung vom Scopusberg zu retten, da ohne diese eine »ernsthafte Forschungsarbeit« nicht möglich sei. Man könnte, schrieb Bergmann, den Jordaniern im Gegenzug die Überführung von etwa 200 000 aus arabischen Privatbibliotheken stammenden Bänden von »hohem finanziellem und geistigem Wert« anbieten, die Israel im Krieg von 1948 in die Hände gefallen seien. Bergmann bezog sich dabei auf die Privatbibliotheken arabischer Gelehrter und Intellektueller aus Jerusalem, die die Bibliothekare der Nationalbibliothek unter größtem persönlichem Einsatz entlang der Frontlinie in Jerusalem gerettet und in der Nationalbibliothek deponiert hatten; auf diesen Umstand hatte ja bereits Hugo Bergmann zur Zeit der zweiten Waffenruhe bei seinem kurzen Treffen mit Bernadotte im schwedischen Parlament hingewiesen. Walter Eytan wies Felix Bergmanns Vorschlag gegenüber Selig Brodetsky, dem Präsidenten der Universität, entschieden zurück:

»Seit jeher widersetzen wir uns jedem Schritt, der dazu angetan ist, den Wert und die Bedeutung der Universität und Hadassas auf dem Scopusberg zu schmälern. Jeglicher Bedeutungsschwund der Gebäude und des Besitzes auf dem Scopusberg wird eine Schwächung unserer politischen Forderungen im Hinblick auf die Existenz unserer Rechte auf den Scopusberg in ihrem vollen Umfang und auf die Rückgabe der dort befindlichen Einrichtungen an uns bedeuten.«

Die wachsende Entfremdung zwischen der Staatsmacht und dem Elfenbeinturm zeigte sich auch anderswo. Ihren deutlichsten Ausdruck fand sie in der Frage nach dem Schicksal der Sammlungen und der Nationalbibliothek. Mit der Staatsgründung geriet die Position der Nationalbibliothek ins Wanken und angesichts ihres Standorts beschlichen ihr Personal Gefühle tiefer Verunsicherung. Der Staat verschleppte die Veröffentlichung eines Pflichtexemplar-Gesetzes, das vorschreiben sollte, der Nationalbibliothek zwei Freiexemplare jeder Veröffentlichung im Land zu überlassen. Ein solches Gesetz existierte bereits damals in vielen

Staaten der Welt und hatte ab 1924 auch in Palästina gegolten, war allerdings nach Ende der Mandatszeit nicht erneuert worden. Unter einigen Mitarbeitern erregte dies weitere Befürchtungen, etwa die, »dass unsere Bibliothek als Jerusalemer Institution (die sich nicht auf Staatsgebiet befindet) keine ausdrückliche Erwähnung finden wird«. Die Sorge wurde von dem Gefühl genährt, dass »unsere zentralen Institutionen in Tel Aviv für die Probleme Jerusalems nicht ausreichend Verständnis haben und Sorge tragen«. Direktor Wormann, der sich in Tel Aviv aufhielt, um dort die Angelegenheiten der Bibliothek in der Zeit nach dem Ende der Kämpfe in Jerusalem voranzubringen, berichtete: »Die völlige Trennung zwischen Jerusalem und Tel Aviv hat uns in jeder Hinsicht geschadet.« Die schweren Befürchtungen führten auch dem treuen Mitarbeiter Issachar Yoel die Feder, der Wormann in einem seiner kontinuierlichen Lageberichte wünschte, es möge ihm gelingen, »die Beziehungen zwischen uns und dem Staat zu intensivieren«. Wormann bemühte sich mit aller Kraft darum, etwa indem er die Armee bei der Einrichtung einer Bibliothek mit fachkundigem Rat unterstützte, in der Überzeugung, dass »unsere offensichtliche Beteiligung an diesem Unternehmen wichtig« sei. Derlei Demonstrationen von gutem Willen und Einsatzbereitschaft konnten die Unklarheiten im Hinblick auf den nationalen Status der Bibliothek allerdings nicht aus der Welt schaffen. Nachdem Jerusalem Anfang 1950 zur Hauptstadt erklärt worden war, warnte Wormann die Universitätsleitung, dass sie noch nicht als »zentrale Bibliothek des Staates« anerkannt worden sei; er erwarte, dass Senator in dieser Angelegenheit bei Ben-Gurion persönlich vorspreche. Senator nahm von diesem Vorschlag allerdings Abstand. »Ich für meinen Teil verschone ihn«, antwortete er, »und ich denke, dass diese Methode, *alle* wichtigen Fragen B. G. vorzubringen, uns am Ende nur schaden wird. Aber ich würde mich freuen, wenn die Angelegenheit in diesem Fall auf diese Weise geklärt würde.«

Zu einem wirklichen Streitfall entwickelten sich die Dinge, als Yair Neumond (nunmehr hebraisiert Oren) beschloss, die Kontakte zur im Frühjahr 1950 in Florenz stattfindenden UNESCO-Generalversammlung dazu zu nutzen, gegenüber den Jordaniern Erleichterungen beim Herunterschaffen von Büchern und Inventar vom Berg zu erzwingen. Die Beziehungen der Bibliothek zur UNESCO reichten bereits in die Zeit vor dem Krieg zurück, als die Bibliothek deren offizielle Bevollmächtigte im Nahen Osten war. Während die Idee, sich mit Petitionen an die UNESCO zu wenden, bereits in der Vergangenheit aufgekommen war, stand ihre Realisierung noch aus. Angesichts von Orens Petition setzte der UNESCO-Vertreter nun umgehend das israelische Außenministerium in Kenntnis, um zu eruieren, ob diese mit ihm abgestimmt war. Das Ministerium beschwerte sich daraufhin, dass »Herr Yair Oren sich eigenmächtig mit dieser Petition an die UNESCO wenden konnte, ohne sich, soviel mir bekannt ist, mit der Regierung darüber zu beraten, ob diese Petition politisch erwünscht ist oder nicht«. Die allgemeine politische Linie Israels wird in den Worten deutlich, die der Leiter der Abteilung für Commonwealth-Angelegenheiten im Außenministerium, Michael Comay, hinter den Kulissen und unter absoluter Geheimhaltung mit dem neuen Botschafter in London, Eliahu Eilat, wechselte. Obwohl man die Not der Universität verstehe, so Comay, beabsichtige die Regierung nicht, die Schritte zur Evakuierung der Bücher und des Inventars vom Scopusberg zu unterstützen, da sie jene Forderung auf freien Zugang schwächen würden, die sich in erster Linie auf den Artikel 8 des Waffenstillstandsabkommens berufe, welcher den Zugang zu den kulturellen und humanitären Einrichtungen ermögliche. Umso weniger werde man dies zum gegenwärtigen Zeitpunkt tun, da Hadassa die Errichtung eines großen Krankenhauses im Westteil der Stadt betreibe und auch die Universität ihren dortigen Standort ausbaue. Comay zielte wohl darauf ab, dass angesichts der Ansiedlung im Westteil der Stadt der Eindruck entstehen könnte, der Scopusberg habe sich erübrigt. Auch die Armee würde die Forderung der Universität nicht unterstützen, da sie eine Schwächung ihrer wichtigen Position befürchten müsste. Bei aller Not und den Schwierigkeiten, die die Universität tagtäglich zu bewältigen habe, seien die Aussichten auf eine Veränderung der Lage mithin äußerst gering.

Die verzwickte Situation und der allgemeine Stillstand waren ein Nährboden für kreative Ideen. Der Gesandte des britischen Konsulats in Tel Aviv, Sir Alexander Knox Helm, meinte ganz naiv, die Universität ließe sich doch einfach »verlegen«, indem man, so seine »amateurhafte Idee«, die Universitätsgebäude von ihrem Ort verrücke – so wie reiche Amerikaner einige Jahre zuvor Häuser aus England in die Vereinigten Staaten transferiert hatten. Knox Helm präsentierte seine Idee im März 1951 bei einem zufälligen Treffen in der türkischen Botschaft Reuven Shiloach: »Wäre solch eine Verlegung des Krankenhauses und der Universität für Israel ausgeschlossen?«, fragte er, wobei er entschuldigend hinzufügte, dass es sich um eine private Idee von ihm handle, die vielleicht unsinnig und undurchführbar sei. Sein Kollege Sir Hugh Dow, Stellvertreter des britischen Konsuls in Jerusalem, brachte die Möglichkeit einer Verlegung der Universitätsgebäude auf die israelische Seite der Stadt gegenüber Senator zur Sprache, der sich über die Situation der Hebräischen Universität auf dem Scopusberg beschwert, den Vorschlag aber aus Sentimentalität zurückgewiesen habe. Dow befand so auch: »Das Sentiment ist zweifellos stark, aber es wird hauptsächlich durch das israelische Militär genährt, und es ist mehr dessen Zustimmung als die der akademischen Körperschaft, die es zu erlangen gilt, ehe der Souveränitätsanspruch auf den Scopusberg aufgegeben würde.« Die Einschätzung der ausländischen Diplomaten war nicht zwingend falsch.

Dem Staat und seinen Institutionen loyal verbunden, zeigte die Universität weiter Verständnis für die politischen Beweggründe Israels, obgleich ihre führenden Vertreter mitunter eine gewisse Ungeduld nicht verbergen konnten, wenn sie spürten, dass ihre Bedürfnisse konsequent übergangen wurden. Dies war etwa der Fall, als Rektor Moshe Schwabe und Sekretär Yair Oren sich mit der Bitte an Ben-Gurion wandten, 70 000 Bücher sowie wissenschaftliche Apparaturen in zwanzig Lastwagen herunterzuschaffen, was etwa 10 Prozent des Buch- und Gerätebestands auf dem Scopusberg entsprach. Als das Thema in der Waffenstillstandskommission angesprochen und von Jordanien abgeschmettert wurde, schrieb Senator Ben-Gurion ungewöhnlich gereizt, er müsse ihm nicht eigens erklären, »dass eine Universität ohne ihre Bücher und ohne ausreichende wissenschaftliche Ausstattung ihre Aufgaben nicht angemessen erfüllen« könne, »daher wenden wir uns an Sie mit der äußerst dringlichen Bitte, die Forderung an die Araber mit vollem Nachdruck zu erneuern«. Nachdem einige Monate ohne jeglichen Fortschritt vergangen waren, schrieben die beiden erneut, diesmal an Sharet: »Es scheint uns, dass die Universität bislang Geduld bewiesen hat, seit sie zum Verlassen des Scopusbergs gezwungen wurde. Aber heute, drei Jahre danach, werden Sie sicher verstehen, dass wir eine rasche Umsetzung des Beschlusses zur Evakuierung erwarten, wenngleich auch diese nur einen kleinen Teil der Probleme lösen wird.« Die Universität drängte unermüdlich weiter. Anfang September 1951 gelang es einer Delegation, in einer Kabinettssitzung zu erscheinen und in der halben Stunde, die Ben-Gurion ihr eingeräumt hatte, die Nöte der Universität vorzubringen.

»Wir befinden uns nicht an unserem Ort«, äußerte Schwabe und breitete die gesamten logistischen und finanziellen Probleme aus, die die Universität zu bewältigen hatte, nachdem sie ihren Standort aufgeben und dort ihre Bibliothek und ihre Laboratorien zurücklassen musste.

Es ist zu bezweifeln, dass der Universität bewusst war, in welchem Ausmaß sie im Zuge der Installierung des Waffenstillstandsregimes als Dauerzustand als eines von vielen Druckmitteln benutzt wurde. Von dieser Entwicklung zeugt ein Bericht der israelischen Delegation bei der israelisch-jordanischen Waffenstillstandskommission vom September 1951. Hier wurde die erstaunte Reaktion des UN-Kommissionsleiters, des belgischen Obersts de Ridder, auf den Antrag der israelischen Delegation bezüglich der 70000 Bücher dokumentiert. So zeigte sich de Ridder, wie Maklef betonte, in keiner Weise von seinen Erklärungen beeindruckt, wonach es sich lediglich um einen kleinen Teil des Besitzes handle und Israels Anspruch auf den Berg Scopus überhaupt nicht zur Debatte stehe. Maklef zufolge erwiderte de Ridder, dass die Jordanier und auch die Weltöffentlichkeit den Antrag nur so verstehen könnten, dass Israel von seinem Anspruch auf den Scopusberg abrücke. Ungeachtet ihrer Einschätzungen – ganz gleich, ob sie in dieser Weise vorgebracht wurden oder ob Maklef sie aus seinen eigenen Erwägungen und denen des faktisch von ihm geleiteten Militärapparats heraus verstärkte – versuchten die UN-Vertreter jedoch Anfang Oktober, den Jordaniern den israelischen Antrag vorzulegen. Hasmi bey Nashashibi, Unterstaatssekretär im jordanischen Außenministerium, zeigte sich hellauf begeistert. Er freue sich darauf, alles vom Scopusberg entfernen zu lassen, »einschließlich der Steine der Gebäude«, bitte allerdings darum, die Genehmigung seines Ministerpräsidenten einzuholen, der eine begrenzte Überführung separater Sammlungen gegenüber einem massiven Transfer bevorzugen würde. Als der militärische Sekretär der Organisation der Vereinten Nationen zur Überwachung des Waffenstillstands (UNTSO) sich mit dem Leiter der israelischen Delegation Shaul Ramati traf, um ihm von seinen Vermittlungsbemühungen zu berichten, erfuhr er, dass es »offen gesagt, auf der politischen Ebene nicht im Interesse der Israelis liege, irgendetwas vom Scopusberg zu entfernen, allerdings vonseiten der Professoren, die ein starkes Bedürfnis nach ihren Büchern und Sammlungen hätten, Druck auf sie ausgeübt werde«. Im Übrigen versuchte Ramati unabhängig vom Ton seiner Äußerungen, das Gesuch der Universität voranzubringen. Er initiierte ein gemeinsames Treffen zwischen den UNO-Befehlshabern und der Universitätsleitung, obwohl er an der Machbarkeit der Sache zweifelte und fürchtete, die Mitglieder der jordanischen Waffenstillstandskommission würden diesen Schritt nicht vor der jordanischen Öffentlichkeit rechtfertigen können. Das Ergebnis des Treffens war ein moderater Entwurf, wonach die Bücher schrittweise in kleinen Kontingenten, die die Universität nach Ramatis Überzeugung gut handhaben könne, mittels einer geringfügigen Aufstockung der Lastwagen bei den regelmäßigen Konvois evakuiert werden sollten. Entgegen den Vorstellungen der jordanischen Behörden und Oberst de Ridders bat Ramati zugleich darum, die Beschlüsse nicht schriftlich zu fixieren, da er fürchtete, dass Israel, wenn die Jordanier die Durchführung des Vereinbarten verweigern sollten, als Verlierer dastehen würde. Sein Verdacht erwies sich als begründet, als die Jordanier Ende Oktober entgegen den Übereinkünften, ohne weitere Erklärung und zur großen Verlegenheit von de Ridder und Delseries, dem ersten Buchtransport ihre Genehmigung verweigerten.

Im vierten Jahr der Exklave verlor die Universität zusehends ihren Weg zwischen den divergierenden behördlichen Interessen. Aller Wahrscheinlichkeit nach waren sich ihre Vertreter der internen Spannungen unter den Machtinstanzen Israels, insbesondere der wachsenden Kluft zwischen dem Außenministerium und dem Generalstab, nicht bewusst. Was das Thema im Allgemeinen und das Agieren der Waffenstillstandskommissionen im Besonderen betraf, verfügte Sharet zu jener Zeit nur über einen eingeschränkten Einfluss. Er und sein Ministerium gelangten zu der Schlussfolgerung, dass die Waffenstillstandsvereinbarungen entgegen der ursprünglichen Erwartung nicht temporär seien und das Waffenstillstandsregime faktisch den prinzipiellen politischen Rahmen für Israels Beziehungen zu seinen Nachbarländern darstelle, weswegen die Aktivitäten der Waffenstillstandskommissionen der Hoheit des Ministeriums zu unterstellen seien. Dies sah der stellvertretende Generalstabschef Maklef wiederum ganz anders. »Zweifellos ist das Außenministerium dafür verantwortlich, die Politik der Waffenstillstandskommissionen vorzuzeichnen«, betonte er. Allerdings sei es »die Verantwortung des Generalstabs, diese Politik umzusetzen, sofern sie zur Politik der Regierung erklärt wird«. Dem Außenminister blieb nichts übrig, als diesen Standpunkt zu akzeptieren. Fortan konzentrierte er seine Versuche, das Waffenstillstandsregime zu beeinflussen, auf die Kabinettsebene. Angesichts dieser Aufgabenteilung verwiesen die Beamten des Außenministeriums die Vertreter der Universität immer wieder an das Verteidigungsministerium. Auf Senators verzweifelten Appell an Sharet, man möge dem »stetigen Anwachsen der Zahl der Schüler [sic] an der Universität« doch wenigstens mit der Teilevakuierung der Bücher entgegenkommen, erwiderte Sharet dann auch: »Tatsächlich verstehe ich nicht, warum die Universität sich in dieser Angelegenheit an das Außenministerium wendet, wo sie doch weiß, dass die Gewährung ihrer Bitte vom Verteidigungsministerium abhängt.«

Flora

Der Konkordanzraum des Instituts für Orientalistik an der Hebräischen Universität. Die Konkordanz der altarabischen Dichtung, die Professor Josef Horovitz als Herzstück des Instituts betrachtete, sollte es »der altarabischen Dichtung ermöglichen, sich durch sich selbst zu erklären«. Courtesy of Goldberg/The Hebrew University of Jerusalem.

Mitte des Jahres 1952 waren jene 500000 Bücher, die die Kämpfe von 1948 beinahe unbeschadet überstanden hatten, da sie rechtzeitig aus den Regalen genommen und in den Magazinen der Bibliothek eingelagert worden waren, Verfall und Vernachlässigung ausgesetzt. Die auf dem Scopusberg eingeschlossenen und dem öffentlichen Zugriff entzogenen Sammlungen begannen von Würmern befallen zu werden. »Die Würmer«, berichtete der stellvertretende Bibliotheksdirektor Yoel, »sind auch in die geschützten Räume eingedrungen, in denen zahllose alte und wichtige Bücher aufbewahrt werden, Inkunabeln [...], darunter die berühmteste Sammlung von Inkunabeln auf der Welt, ein Geschenk des Herrn Schocken, die Autografensammlung von Dr. Sharon, eine wertvolle Sammlung von Ketubot aus Italien, eine Sammlung antiker Karten und anderes mehr«. »Diese Würmer«, heißt es in der Denkschrift weiter, »sind besonders unter den klimatischen Bedingungen unseres Landes gefährlich. In Europa fressen die Würmer nur im Sommer und sterben im Winter, in Israel fressen sie das ganze Jahr.«

Akute Gefahr drohte dem Herbarium, das der Autodidakt Alexander Eig 1920 angelegt hatte. Der sowohl pflanzengeografisch als auch pflanzensoziologisch konzipierte Botanische Garten, der Ende der 1920er Jahre auf Eigs Initiative und mit Unterstützung des bekannten Botanikers und dritten Präsidenten der Zionistischen Weltorganisation Otto Warburg angepflanzt worden war, ließ sich ebenso wenig verlegen wie der von Eig als »botanisch-archäologischer Garten« konzipierte »Garten Shulamits«, der die »zur Zeit der Eroberung durch die Einwanderer aus Ägypten und zur Zeit der Bibel im Land Israel, insbesondere im Bergland von Judäa vorherrschende Pflanzenwelt« repräsentierte. Anders verhielt es sich jedoch mit dem Herbarium, das rund 300 000 Herbarbögen mit seltenen Pflanzen umfasste, die Eig zum Teil auf seinen Reisen des Jahres 1931 in der Türkei, aber auch im Irak und in Syrien gesammelt hatte, in Ländern also, zu denen Israel inzwischen keinen Zugang mehr hatte. Hinzu kamen etwa zweihundert Holotypen, die in keinem anderen Herbarium der Welt zu finden waren. Nach Einschätzung der Universität war dies die weltweit wichtigste Sammlung zur Flora des Nahen Ostens, mit zentralem Nutzen für viele Zwecke, wie etwa die Verhinderung von Sandstürmen, die Auswahl der geeignetsten Weidepflanzen, die Aufforstung, die Bestimmung der natürlichen Grenzen beständiger Landwirtschaft und den Kampf gegen die Wanderheuschrecke. So wurde es bei einem Treffen mit dem Justiziar des Außenministeriums, Shabtai Rosen, dargelegt, der nach einem Weg suchte, das Herbarium zu verlegen, »ohne dass dies unsere rechtliche Situation beeinträchtigt«. Bei mangelnder Benutzung, versicherten die Experten in einer Eingabe an die UNO, würde das Herbarium der Gefahr der Vernichtung durch Insekten ausgesetzt. Sein Verlust käme dem einer »unersetzlichen Handschrift« gleich.

Die frühen Bemühungen um die Evakuierung des Herbariums vom Berg Scopus, für die nach Einschätzung der Universität sechs oder sieben große Lastwagen ausgereicht hätten, standen unter keinem guten Stern. Nachdem Ramati geholfen hatte, im Rahmen der Waffenstillstandskommission mündlich die grundsätzliche Zustimmung des jordanischen Delegationsleiters Ahmad Toukan zu erlangen, wurde dieser von seiner Funktion entpflichtet und »dem saudi-arabischen Regime ausgeliehen«. Dies war insofern bedauerlich, als die mit ihm erzielten Übereinkünfte offensichtlich weitreichend waren. Yaakov Sussmann zufolge – dem seitens der Universität Verantwortlichen für die Gebäude und übrigen Besitztümer auf dem Scopusberg – existierte sogar die außergewöhnliche israelische Einwilligung in die Präsenz eines zivilen jordanischen Bevollmächtigten bei der Verladung des Herbariums im israelischen Teil der Exklave; angesichts der »Zartheit der getrockneten Pflanzen, die das Herbarium bilden«, hätte man so die Inspektion am Kontrollpunkt Mandelbaumtor vermieden. Allerdings soll Toukans in die Sache eingeweihter Stellvertreter, Major Muhamad Yitzhak, davon Abstand genommen und erklärt haben, »dass er diese Aktion nicht ohne ausdrücklichen schriftlichen Befehl vonseiten der zentralen Autoritäten in Amman durchführen werde«. Auch nachdem Israel seine Zusagen eingehalten und eine Liste der wissenschaftlichen

Aufsätze vorgelegt hatte, die es Jordanien zu übergeben bereit war – ebenso wie einen Elektrokardiografen an seinen Besitzer, den (von Major Yitzhak geschätzten) armenischen Arzt Dr. Vahian Kalmian –, führten seine Schritte nicht zu der erwarteten Reaktion.

Möglicherweise resultierte die verzögerte jordanische Antwort aus den wachsenden Spannungen innerhalb der Waffenstillstandskommission und der Ungewissheit darüber, ob Israel die Übereinkunft zwischen den örtlichen Kommandanten noch einmal erneuere. Dieses im August auslaufende Abkommen betraf einen Mechanismus zur Sicherheitskoordination mit Jordanien, den Israel über die Jahre mit mehr oder weniger Erfolg beibehielt. Anders als die Armee und ihr Kommandant Mosche Dajan war man im Außenministerium überzeugt, dass man sowohl am Waffenstillstandsabkommen und an der Mitwirkung von UN-Vertretern in den Kommissionen als auch an der Übereinkunft zwischen den Kommandanten festhalten sollte, um eine entspannte Kommunikation zwischen Jordanien und Israel zu ermöglichen. In einem Brief, den der Botaniker Michael Zohary an den zugleich als Rektor und Präsident der Universität amtierenden Benjamin Mazar schickte, lässt sich zwischen den Zeilen die Sorge um mögliche Interessenkonflikte im Kreis der israelischen Machtinstanzen herauslesen. »Viel Bewegung zugunsten der Sache« habe man im Sommer 1953 gespürt, schrieb Zohary, als er dank der Bemühungen von Rektor Benjamin Mazar und dessen Stellvertreter, dem Botaniker Michael Ben-Ari, zu einer Unterredung mit Rosen im Außenministerium geladen wurde. Doch genüge das noch nicht; der Rektor müsse sich direkt an General Dajan wenden »und ihm den Wert der Sammlungen erklären«, der darin liege, »dass die Abteilung sich beinahe die Hegemonie [im Bereich der botanischen Forschung des Nahen Ostens] erworben hat«, wovon die »politische Bedeutung dieser Sammlungen« herrühre. Dabei sei er voller Hoffnung, dass »wir, wenn es uns gelingt, das Herbarium jetzt herunterzubringen, und wir es noch vor dem Insektenbefall retten können, den kommenden Generationen und uns einen unveräußerlichen Besitz übergeben, der eine unendliche Quelle wertvoller Forschungen darstellt«.

Doch dann zerschlugen sich die Pläne. Das Schicksal der Kulturschätze, die seit 1949 dem Waffenstillstandsregime unterlagen, geriet nun in den Sog einer Eskalation, die sich entlang der ausgedehnten Grenzlinie zwischen Israel und Jordanien ereignete. Die Rede ist von »zivilem« oder »politisch« motiviertem Eindringen in israelisches Hoheitsgebiet und den darauffolgenden Vergeltungsaktionen. Nicht zuletzt die von der erst im August 1953 aufgestellten »Einheit 101« der israelischen Armee durchgeführte Aktion gegen das Dorf Qibya, bei der im Zuge des Beschusses und der Sprengung bewohnter Häuser 69 Einwohner, vorwiegend Frauen und Kinder, getötet wurden, zog eine Welle des Zorns nach sich. Sie brachte die auswärtigen Beziehungen Israels auf einen Tiefstand, wie es ihn seit der Gründung des Staates noch nicht gegeben hatte. Unter solch extremen politischen Bedingungen war es nur natürlich, dass die Bemühungen der Gelehrten um die Rettung des kulturellen und wissenschaftlichen Besitzes daran scheiterten, dass Mitarbeiter des Außenministeriums auf eine größtmögliche Verringerung internationaler Einmischung hinwirkten. Kühl wurde dort etwa das Angebot eines UNESCO-Vertreters beantwortet, die Sammlung zu besuchen. »Ich habe ihm in aller Deutlichkeit klargemacht«, schrieb der israelische Gesandte in Paris, »dass der Scopusberg keine touristische Stätte ist und dass ein UNESCO-Gesandter bei seinem Besuch auf dem Scopusberg von einem vom Staat Israel beauftragten Vertreter begleitet werden muss.« Zu einer weiteren Eskalation in den Beziehungen zwischen Israel und Jordanien kam es nach einem Angriff von Eindringlingen auf einen israelischen Bus in Ma'ale Akrabim im März 1954 (wobei sich später herausstellte, dass diese über die ägyptische, nicht über die jordanische Grenze eingedrungen waren). Jordanien weigerte sich, die Tat zu verurteilen, woraufhin Israel die israelisch-jordanische Waffenstillstandskommission verließ und das Abkommen zwischen den örtlichen Kommandanten aufkündigte. Die Frage des Schicksals des Kulturguts, über die regelmäßig innerhalb der Waffenstillstandskommission verhandelt wurde, war damit vom Tisch.

Vor dem Hintergrund der wieder aufgenommenen Verhandlungen zwischen den Kommandanten Jerusalems im April und der abermaligen Gespräche über eine Erneuerung des Abkommens zwischen den örtlichen Kommandanten traten das Außenministerium und die Universität im Sommer 1955 erneut in Verhandlungen über die Frage der Sammlungen ein. Neben dem Herbarium, in dessen Angelegenheit sich noch immer nichts getan hatte, standen auch andere Sammlungen zur Debatte, die es schleunigst zu evakuieren galt: die zwischen 1927 und 1948 angelegte Zoologische Sammlung, die »alle Tiere des Landes Israel« enthielt sowie »paläontologische Tiere, die im Land gelebt hatten und einzigartig auf der Welt sind«, und ebenso die Sammlung biblischer Pflanzen, deren Farbe und Form auf besondere Weise konserviert waren, eine Sammlung, die »das Interesse einer breiten nichtjüdischen Öffentlichkeit und vor allem von Vertretern verschiedener Religionen« wecke. Der Generalsekretär des Außenministeriums erklärte Shmuel Sambursky, der zu jener Zeit dem israelischen Wissenschaftsrat vorstand, und Leo Kohn, dem politischen Sekretär des Außenministeriums, dass der Minister die Meinung der Militärbehörden nicht teile, wonach die Evakuierung der Bücher den politischen Anspruch Israels schwäche, und ebenso wenig glaube, dass »unser Anspruch auf den Scopusberg in erster Linie auf der Existenz von Büchern dort beruhe«. Sambursky versuchte, das Gespräch in praktische Bahnen zu lenken: Es sei nicht notwendig, alle Bücher auf einmal zu transferieren; man solle mit dem dringlicheren Transfer des Herbariums beginnen, da dieses »eher dem Verderben ausgesetzt« sei als die Bücher. Doch nichts geschah.

Eigs Herbarbögen waren in den Dreißigerjahren in einem offenen geografischen Raum gesammelt worden und die aus ihnen gewonnenen Erkenntnisse sollten dem grenzübergreifenden Fortschritt dienen. Ebenso grenzübergreifend sollte auch die Konkordanz der altarabischen Dichtung sein, deren rund 550 000 Karteikarten gleichfalls in der Exklave auf dem Scopusberg zurückgeblieben waren – in einer Exklave, deren gemäß Entmilitarisierungsabkommen provisorischer Status im Lauf der Jahre mehr und mehr zu einem Dauerzustand wurde. Die Idee zu dieser Konkordanz stammte von Josef Horovitz, Professor für Semitische Sprachen und die Frühgeschichte des Islams in Frankfurt am Main und einer der Mitbegründer des Instituts für Orientalische Studien an der Hebräischen Universität. Durch Sammlung und Katalogisierung jedes Wortes, das in der altarabischen Dichtung aus vorislamischer Zeit bis zum Ende der Umayyadenherrschaft zu finden ist, sollte die Konkordanz, die Horovitz als Herzstück der neu gegründeten Abteilung der Universität in Jerusalem betrachtete, es »der altarabischen Dichtung ermöglichen, sich durch sich selbst zu erklären«. An der Erstellung der Konkordanz waren sämtliche Mitarbeiter des Instituts beteiligt gewesen. Auf Grundlage ihrer Arbeit beabsichtigte Horovitz, der als Auswärtiger Direktor die Geschäfte des Instituts in Jerusalem führte, die definitive Geschichte der altarabischen Dichtung zu schreiben, ein Vorhaben, dessen Verwirklichung sich durch seinen vorzeitigen Tod 1931 zerschlug.

Horovitz hatte große Hoffnungen an das neue Institut für Orientalistik in Jerusalem geknüpft, zu dessen Gründung ihn Magnes eingeladen hatte, und ebenso an das Konkordanzprojekt. 1925, eben zurückkehrt von der Eröffnungszeremonie der Universität, schrieb er darüber in der *Frankfurter Zeitung*. In seinem Streben, die politischen Spannungen zwischen Juden und Arabern durch gemeinsame Forschungstätigkeit abzubauen, wurde Horovitz noch bestärkt, als er auf dem Weg zur Jerusalemer Eröffnungsfeier in Ägypten mit muslimischen Gelehrten zusammentraf, die Balfours Deklaration und dessen Teilnahme an den Feierlichkeiten aufs Schärfste verurteilten. Horovitz' Konkordanzprojekt war von dem Glauben befeuert, die Völker einander näherbringen zu können, doch mit seinem Tod wuchsen die grundsätzlichen Zweifel an ihrem aktuellen Nutzen im Allgemeinen und an dem für die Förderung der jüdisch-arabischen Beziehungen im Besonderen. Was auch immer man von diesen oder jenen politischen Ansichten im Hinblick auf die Zukunft der Region halten möge, konstatierte die 1934 zur Revision der Universität geladene Hartog-Kommission mit unverhohlener Ironie, sei doch klar, »dass kein Araber seine politischen Ansichten über die jüdische Frage ändern wird, weil die Hebräische Universität eine Konkordanz zur altarabischen Dichtung vorbereitet« – eine Ironie, die im Rückblick auf das Schicksal der Universität noch größer wird.

Aus Treue zur deutschen philologischen Tradition und den Bericht der Kommission ignorierend, hielt das Institut an dem Konkordanzprojekt fest, bis es 1948 auf einen Schlag von seinen Hunderttausenden Karteikarten getrennt wurde. Horovitz' Schüler Shlomo Dov Goitein, der später für seine Forschungen zur Kairoer Geniza berühmt wurde, ging in einem Bericht für die UNO von 360 Containern mit einem Gewicht von jeweils sieben Kilogramm aus, von denen jeder

1500 Karteikarten enthielt; dazu kämen noch 5000 Bände der betreffenden literarischen Werke. Auf Rat seiner Kollegen habe er davon abgesehen, auf dem Internationalen Orientalistenkongress in Cambridge im Herbst 1954 eine Petition zu erwirken, in der die Jordanier aufgefordert werden sollten, die Materialien vom Scopusberg überstellen zu lassen. Nun suchte er nach direkten politischen Kanälen in der etwas naiven Annahme, dass »es der Reputation der haschemitischen Regierung höchst abträglich wäre, wenn sie ein solches Ersuchen zurückweisen würde«. Dass das jordanische Königshaus Mitte der Fünfzigerjahre, auf dem Höhepunkt der israelisch-jordanischen Grenzkonflikte, um die Karteikarten von Josef Horovitz und seinen Schülern und Kollegen besorgt war, lässt sich freilich ebenso bezweifeln wie das Bestehen eines größeren Interesses an ihnen aufseiten des Staates Israel.

Neben den offiziellen israelischen Gesuchen um die Evakuierung von Büchern und Sammlungen vom Berg Scopus entfalteten sich im Laufe der Jahre auch verborgene Aktivitäten. Mitunter kam es zu wahrlich peinlichen Vorfällen, etwa als der Versuch scheiterte, dreihundert Karteikarten aus der Abteilung für Geografie zu entnehmen, die eine israelische Firma namens »Yarden« dringend bei der Suche nach Ölvorkommen benötigte. Nicht in die Sache eingeweihte Soldaten, die als auf dem Berg stationierte Polizisten getarnt waren (um den Anschein zu wahren, dass die Regelungen des Entmilitarisierungsabkommens eingehalten würden), verspotteten bei der Kontrolle des Konvois die Hilfskraft der geografischen Abteilung und ebenso den Parasitologen George Witenberg und führten dann noch, da sie den Charakter ihrer Mission nicht verstanden, erniedrigende Leibesvisitationen durch. Die anwesenden UNO-Offiziere blickten dabei verlegen zur Seite, »da sie sich dies nicht ansehen wollten«, berichtete der zutiefst empörte

Professor in einem Beschwerdebrief. »Ich glaube nicht, dass eine Übereinkunft existiert, die jüdische Offiziere verpflichtet, Inspektionen durchzuführen, und man sollte zwischen einem einfachen Dieb und einem Professor und einem wissenschaftlichen Mitarbeiter, die wichtige Dokumente retten wollen, unterscheiden können.« Diesen Unterschied gelte es, den Offizieren auf dem Scopusberg klarzumachen, so Witenberg. Bei anderen Gelegenheiten waren es Militärs oder politische Amtsträger, die den Schmuggel von Dokumenten initiierten. Mit der Sammlung von rund 2000 Luftaufnahmen etwa, die die deutsche Luftwaffe im östlichen Mittelmeerraum während des Ersten Weltkrieges aufgenommen hatte, verhielt es sich wie folgt: Im März 1956, inmitten des Aufruhrs um die Entlassung General Glubb Pashas als Kommandant der Arabischen Legion und der nachfolgenden Erschütterungen innerhalb der jordanischen Armeeführung, empfahl ein israelischer Angehöriger der bilateralen Waffenstillstandskommission, von einem offiziellen Gesuch an die Jordanier abzusehen und die Bilder stattdessen heimlich zu bergen. Im Sommer 1957 schlug Matti Peled, der Befehlshaber der Jerusalemer Brigade des Militärgeheimdienstes im Zentralkommando, in einem streng geheimen, von einem Sondergesandten übermittelten Dokument vor, zu versuchen, etwa 2500 Bücher »in Säcke und Pakete aus der Zoologischen Abteilung verpackt« zu transferieren, ohne die UNO im Vorfeld darüber in Kenntnis zu setzen. In Anbetracht bestehender Präzedenzfälle wies Peled auf die Tatsache hin, dass Israel, obwohl seine Befugnis zum Herunterschaffen von Büchern in keinem der Dokumente eingeschränkt werde, die Genehmigung der UNO zu erbitten pflege, ein Prozedere, das »keinerlei Eingeständnis der Beschränkung unseres Rechts zur freien Herunterschaffung von Büchern oder Gerätschaften« bedeute.

David Werner Senator äußerte gegenüber David Shaltiel im Hinblick auf zukünftige Pläne, die Beziehungen zwischen der Universität und dem arabischen Dorf Issawiya seien in der Vergangenheit »stets friedlich« gewesen. Courtesy of Micha Bar-Am/Magnum.

Der Herbst 1957 verhieß nichts Gutes. Im Sicherheitsrat wurde beabsichtigt, über eine Beschwerde zu beraten, die Jordanien wegen israelischer Pflanzungen im Jerusalemer UN-Hauptquartier Government House vorgebracht hatte, die gegen das Abkommen zwischen beiden Staaten verstießen. In der israelisch-jordanischen Waffenstillstandskommission wurde Israel gerügt, nachdem ein israelischer Pilot ein jordanisches Flugzeug beschossen hatte, das seiner Behauptung nach in den israelischen Luftraum eingedrungen war – ein Vorfall, der glücklicherweise keine Menschenleben forderte, aber beinahe in einen größeren Konflikt gemündet wäre. Ohnehin war Israel aus Protest gegen eine aus seiner Sicht parteiische Entscheidung zugunsten der jordanischen Seite seit etwas über einem Jahr den Sitzungen der Kommission ferngeblieben. Diese erklärte seinerzeit jenen Soldaten der Arabischen Legion für psychisch krank, der im September 1956 vier Archäologen erschossen hatte, die im Rahmen der Jahreskonferenz der Gesellschaft für Landeskunde die Ausgrabungsstätte in Ramat Rachel besuchten. Als genügten die anstehende Beratung im Weltsicherheitsrat und die Rüge der Waffenstillstandskommission nicht schon, drohte Jordanien nun auch noch mit einer Beschwerde wegen Grabungsarbeiten, die Israel auf dem Gebiet der Exklave begonnen hatte, und forderte, ein UN-Beobachter solle diese vor Ort inspizieren. In dem knappen Jahrzehnt nach der Entmilitarisierung, in dem die Bibliothek, die Sammlungen und all die anderen Kulturgüter nach wie vor in der Exklave eingesperrt blieben, war diese im Wesentlichen zu einem militärischen Stützpunkt verkommen. Der Generalsekretär des Außenministeriums, Walter Eytan, räumte bei einer Anhörung vor Kabinettsmitgliedern ein, was Israel öffentlich zuzugeben peinlichst vermied: »In Wahrheit sind wir ununterbrochen mit Grabungs- und Befestigungsarbeiten zugange, das lässt sich nicht bewerkstelligen, ohne dass man dies auf der jordanischen Seite hört, das Areal ist klein.« Da der Ministerpräsident und Außenministerin Golda Meir krankheitsbedingt bei der Sitzung fehlten, wurde allerdings keine operative Debatte geführt und den Regierungsmitgliedern blieb nur, darüber zu sinnieren, »ob es gut ist für die Juden, ob es schlecht ist für die Juden«, den Sitzungen der Waffenstillstandskommission fernzubleiben. Eytan äußerte bei dieser Gelegenheit seine Ansicht, die mit der Sache Betrauten würden glauben, »dass die Kommission mehr störe als dass sie nützlich oder hilfreich sei«; da die

Sicherheitskoordination auch so weitergehe, mache dies am Ende keinen Unterschied, wenngleich es »selbstverständlich in politisch-parlamentarischer Hinsicht anders ausgelegt werden kann«. Zwei Wochen später kam die Regierung abermals auf die Frage der Waffenstillstandskommission zu sprechen. Justizminister Pinchas Rosen beschwerte sich darüber, dass die Regierung der politischen Grundsatzdebatte nicht genügend Zeit gewidmet habe; Israel täte gut daran, wieder an den Sitzungen der Kommission teilzunehmen. »Man sollte nicht auf alle Ewigkeiten in Zorn geraten«, erklärte er, letzten Endes würde es Israel nichts nützen, den Treffen fernzubleiben. Ben-Gurion bestritt in ostentativer Ungeduld das Gewicht der politischen Debatte in den Kabinettssitzungen und bespöttelte die Kritik als unpassend; Rosen erwarte wohl, dass die Regierung sich in einen »politischen Klub« verwandle. »Ich habe eine andere Auffassung davon, was Politik ist«, betonte Ben-Gurion; was die israelische Beteiligung an der Waffenstillstandskommission anbelange, stimme er aber tendenziell mit Rosen überein.

In der Zwischenzeit hatte UN-Generalsekretär Dag Hammarskjöld beschlossen, sich ins Dickicht des Geschehens hineinzubegeben und die Region zu besuchen. Zu den zahlreichen Beweggründen seiner Visite zählte die erneute Eskalation in den israelisch-jordanischen Beziehungen. Jordanien weigerte sich, Benzinlieferungen auf den Scopusberg zu gestatten, da Israel damit Kompressoren zum Bau von Befestigungsanlagen betreibe, was einen Verstoß gegen das Entmilitarisierungsabkommen darstelle. Israel hatte aber nicht vor, damit aufzuhören. Ben-Gurion teilte Hammarskjöld mit, dass »das Abkommen vom Juli 1948 überhaupt nicht mehr gilt, da es den Paragrafen 8 des Waffenstillstandsabkommens gibt, nach dem man sich zu richten hat«. Solange Jordanien eine Wiederinbetriebnahme der kulturellen und humanitären Einrichtungen nicht ermögliche, sehe sich Israel weder dem Entmilitarisierungsabkommen noch dem daraufhin unterzeichneten Waffenstillstandsabkommen verpflichtet. Auch seine militärischen Beweggründe verhehlte Israel nicht. So äußerte etwa Golda Meir gegenüber dem UN-Beobachter: »Endlich haben wir ein paar Jungs da und dürfen dafür sorgen, dass sie, wenn man sie angreift, nicht im Handumdrehen liquidiert werden können.« Meir und Ben-Gurion betrachteten die Initiative des UN-Generalsekretärs als internationale Einmischung zugunsten Jordaniens, als weiteren Schritt im Sinne der Eisenhower-Doktrin, als Versuch also, Jordanien zu beschwichtigen, Husseins Position innerhalb Jordaniens zu stärken und das Land dabei von Ägypten und Syrien zu entfernen, die sich zu jener Zeit annäherten und sich zur Sowjetunion hinzuwenden begannen. »Wir dürfen nicht zum Opfer dieser Sache werden«, mahnte Ben-Gurion im Kabinett kurz vor Hammarskjölds Besuch der Region Anfang Dezember. »Wenn man uns nicht gestattet, einen Konvoi auf den Scopusberg fahren zu lassen, müssen wir ihn selbst dahinbringen.« Das Ergebnis des Besuchs war jedoch positiver als erwartet. Israel konnte den jordanischen Versuch vereiteln, seinen Benzinverbrauch zu rationieren, indem es unhaltbare Behauptungen zurückwies, etwa diejenige, dass Soldaten ab zehn Uhr abends schliefen und nachts keinen Strom benötigten. Israels Soldaten, so die erfolgreiche Entgegnung, dürften so lange wach bleiben, wie sie wünschten, und das Benzin brauche man zum Brotbacken. Auf Druck des UN-Generalsekretärs lenkte Jordanien ein und die Konvois konnten wieder regulär verkehren. Angesichts der langen Reihe von Divergenzen bei der Interpretation des Entmilitarisierungsabkommens und des Waffenstillstandsabkommens, die, wie nicht anders zu erwarten, um die Auslegung von Artikel 8 kreisten, war dies allerdings nur ein bescheidener Erfolg.

Jordaniens grundsätzliche Haltung zum Artikel 8 blieb über die Jahre unverändert, insbesondere als sich abzeichnete, dass Israels Agieren in der Exklave von dem Bestreben motiviert war, seine Souveränität zu behaupten. Daher rührte die jordanische Auffassung, dass die israelischen kulturellen und humanitären Einrichtungen in der Exklave lediglich »jüdischen Privatbesitz – nicht israelisches Territorium« darstellten. Der Boden und die Gebäude seien mit Dollars erworben worden, die amerikanische Juden gesammelt hätten, schrieb der jordanische Minister Naschaschibi 1953. Er wurde ausführlich in einem UN-Memorandum von 1955 und dann erneut in einer Dokumentation zum Thema von Ende 1957 zitiert: »Sie haben keinerlei historischen oder religiösen Charakter«, so Naschaschibi, »und der israelische Anspruch auf sie basiert auf rein sentimentalen Grundlagen«. Diesem Standpunkt gemäß war das im Waffenstillstandsabkommen nicht eigens erwähnte und auch auf den dazugehörigen Karten nicht verzeichnete Areal, auf dem die Einrichtungen errichtet worden waren, Teil des jordanischen Hoheitsgebiets. Jenes Areal sei gemäß einem Vertrag, dessen Gültigkeit mit dem Ende der Kampfhandlungen oder der Unterzeichnung eines neuen Abkommens erlöschen sollte und darum obsolet sei, aus dem der UNO unterstellten Gebiet »herausgeschnitten« worden. »Die Existenz jüdischen Eigentums auf jordanischem Territorium kann nach internationalem Recht nicht als Grundlage eines israelischen Hoheitsanspruchs oder irgendeiner Einschränkung der jordanischen Souveränität betrachtet werden«, lautete Naschaschibis Überzeugung.

Im Gegensatz zu dem politischen Stillstand, den die unversöhnlichen Positionen offenbarten, erwies sich die Lebensrealität als recht dynamisch und stark verändert gegenüber jener, die nach dem Ende der Kampfhandlungen im Mai 1948 und zur Zeit des Entmilitarisierungsabkommens geherrscht hatte. Dies galt etwa für das nördlich an Universität und Krankenhaus angrenzende Dorf Issawiya. Das Entmilitarisierungsabkommen hatte bestimmt, dass die bei seiner Unterzeichnung dort lebende Bevölkerung bleiben dürfe; eine sonderbare Bestimmung insofern, als das Dorf nach der Flucht seiner Einwohnerschaft während der Kämpfe völlig verlassen war. Einige Wochen nach der Unterzeichnung erklärte sich Israel auf Bitten des Kommandeurs der UN-Kontrolleure, General Brunsson, bereit, wegen der anstehenden Ernte die Rückkehr von 150 Personen in das Dorf zu ermöglichen. Die Übereinkunft wurde unter anderem aufgrund der von Senator gegenüber Schaltiel vorgebrachten Einschätzung getroffen, dass es besser sei, die Angelegenheit einvernehmlich zu regeln, da die Beziehungen der Universität mit Issawiya »stets friedlich und gut waren«. Für die Zukunft wäre die Nähe von bekannten Nachbarn der von »Fremden, die später eintreffen werden«, vorzuziehen, versicherte er Shaltiel. Dahinter stand im Sommer 1948 die Erwartung, dass die Universität bald wieder ihren regulären Betrieb aufnehmen würde, und ebenso die Annahme, dass es mithilfe des Abkommens möglich sein werde, das Einsickern von Fremden unter dem Deckmantel einer Rückkehr zu verhindern. Die Rückkehr der 150 Dorfbewohner, die nach vorheriger Prüfung eine Genehmigung dazu erhielten, erfolgte also im Hinblick auf ein Szenario, das sich so nicht einstellte. Allerdings verwischte sich der Unterschied zwischen ursprünglichen Bewohnern und Fremden nur allzu rasch, und während Israel darauf pochte, sich auf die Rückkehr von Einzelpersonen bezogen zu haben, behaupteten nun die Dorfbewohner und jene, die in ihrem Namen sprachen, es sei um Familien gegangen – ein gewaltiger Unterschied, der zum Streitobjekt zwischen Israel auf der einen und Jordanien und den in den Konflikt involvierten internationalen Organisationen auf der anderen Seite wurde.

Im Lauf der Jahre verlor Israel jegliche Kontrolle über das Dorf, das zum Zeitpunkt der Unterzeichnung des Entmilitarisierungsvertrags physisch zum israelischen Teil der Exklave gehörte. Da die Exklave eine Insel inmitten von jordanischem Territorium darstellte, war es Israel faktisch nicht möglich, die Passierenden zu kontrollieren. UN-Rechtsberater Leriche, der im März 1955 beauftragt wurde, kam zu folgendem Beschluss: »Was das Dorf Issawiya betrifft, lassen sich gute Gründe dafür anführen, dass es nicht innerhalb des jüdischen Sektors liegt, zumindest in der Praxis.« Es gebe im Dorf keine jüdische Polizei, die UN-Inspektoren würden hier – anders als im israelischen Teil der Exklave – volle Bewegungsfreiheit genießen, man erkenne de facto die jordanischen Behörden an und sei zudem vom Transitverkehr nach Jordanien betroffen. Israel spürte über die Jahre voller Sorge Soldaten der Arabischen Legion nach, die im Dorf ein und ausgingen und die Angehörigen der Nationalgarde ausbildeten, eines Militärverbands, der 1949 mit britischer Unterstützung und Finanzierung aufgestellt und der Legion angegliedert worden war. Die Sorge wuchs, als Jordanien Mitte der Fünfzigerjahre damit begann, palästinensische Flüchtlinge für die Nationalgarde zu rekrutieren, die vom Regime zuvor noch als unzuverlässig betrachtet worden waren, sich nach Einschätzung des israelischen Geheimdienstes jedoch im Laufe der Zeit, da sie ihre Heimat verteidigen mussten, als operationsfähige Einsatzkräfte erwiesen. Im Jahr 1957 spitzte sich die Lage zu. Zwischen Februar und April beschwerte sich Israel bei George Flint, dem Kommandanten der UN-Inspekteure in der Exklave, wegen 13 verschiedenen Vorfällen, bei denen Soldaten der Legion oder der jordanischen Nationalgarde in Issawiya eingedrungen seien. Flint bat darum, in Zukunft bei jedem Ereignis eine gesonderte Beschwerde einzureichen, um jedem Fall direkt nachgehen zu können. Aus Israels

Perspektive eskalierte die Gesamtlage. Im Herbst 1957 beschwerte es sich erneut mit Nachdruck über die massive Truppenpräsenz der Jordanier in dem Gebiet. Abgesehen davon, dass sich mehr Einwohner in Issawiya aufhielten als vereinbart, unterhalte Jordanien in dem Dorf auch ein festes Kontingent der Nationalgarde und bilde die lokale Bevölkerung mithilfe der Legion, deren bewaffnete Mitglieder sich einzeln und in Gruppen im Ort bewegten, militärisch aus. Darüber hinaus behauptete Israel, Jordanien würde am Auguste-Viktoria-Hospital auf dem Ölberg im jordanischen Teil der Exklave, südöstlich des israelisch kontrollierten Sektors, Befestigungsanlagen errichten.

Langweilig ist es ist es in der Geschichte des Auguste-Viktoria-Hospitals nie gewesen. Die Idee seiner Gründung als lutherisches Hospiz (neben katholischen, orthodoxen und weiteren Pilgerherbergen, die es in der Stadt schon lange gab) wurde im Oktober 1898 Kaiser Wilhelm II. während seiner Palästinareise eröffnet, in deren Rahmen er mit großem Pomp die Erlöserkirche in der Jerusalemer Altstadt einweihte. Neben anderen profanen Motiven – etwa dem schönen Panoramablick über die Stadt und ihre Umgebung oder der beengten Situation in der Altstadt, die keinen Raum für ambitionierte Projekte ließ und mit ihrem Lärm den Frieden der Pilger störte – entsprach der Kaiser der Bitte, weil er persönlich Gefallen an dem Ort fand. Selbstverständlich diente die Initiative auch den weltpolitischen Bestrebungen des Deutschen Reichs, das auf diese Weise gegenüber Russland und Frankreich seine Präsenz in der Stadt demonstrieren konnte. Komplizierter als die Vision gestaltete sich deren Verwirklichung. Die Architekten Karl Gause und Richard Leibnitz waren mit zahlreichen logistischen Zwängen und Schwierigkeiten konfrontiert, da sie viele Baumaterialen für das im Sinne einer romantischen Ästhetik konzipierte Gebäude, »einen Zwitterbau zwischen Kloster und Burg«, aus

Deutschland importierten. Zudem verstarb Gause während des Projekts, und der deutsche Bauleiter hatte Schwierigkeiten, mit dem vereinbarten Budget auszukommen, da die Arbeiter verschiedenster Religionszugehörigkeit unterschiedlichen Tagesabläufen und Feiertagskalendern folgten, deren Kollision für Verzögerung sorgte. Nachdem der Bau fertiggestellt war, zeigte sich, dass die Architekten nicht die klimatischen Bedingungen einkalkuliert hatten. Renovierungsarbeiten aufgrund der schweren Schäden, die am Gebäude im ersten Winter entstanden, dauerten bis ins Jahr 1914 an.

Außer dem Klima setzten der Anlage, die ihren ursprünglichen Zweck nur unter großen Schwierigkeiten zu erfüllen vermochte, historische Geschehnisse zu. Vom Ausbruch des Ersten Weltkrieges bis 1917 diente es als Hauptquartier von Cemal Pasha, dem Kommandanten der osmanischen Truppen in Syrien; unmittelbar im Anschluss residierte hier das Oberkommando der von den Generälen Erich von Falkenhayn und Otto Liman von Sanders befehligten deutschen Truppen. Nach der britischen Eroberung Jerusalems machte Generalleutnant Edmund Allenby, der Oberbefehlshaber der Egyptian Expeditionary Force, die Anlage zu seiner Kommandozentrale. Das diakonische Personal wurden gefangen genommen, das geplünderte und heruntergewirtschaftete Gebäude ging in die Hände der Briten über und diente fortan als Sitz des Hochkommissars Herbert Samuel, der dort 1921 mit großem Pomp die Hochzeit seines Sohns feiern ließ – ein im Hinblick auf den Ort ungewöhnlicher Schritt, da es sich um eine jüdische Hochzeit handelte. Nach einigen verhältnismäßig ruhigen Jahren richtete das Erdbeben vom Sommer 1927 schwere Schäden auf dem Gelände an. Es sorgte für Risse im Kirchturm, zerstörte Teile des Dachs und ließ die Räumlichkeiten in einem traurigen Zustand zurück. Das britische Hochkommissariat erstattete das Gebäude, das es in all den Jahren zur

Miete bewohnt hatte, an seine Eigentümer zurück und zog in das neu errichtete Government House um. Die evangelisch-lutherische Kirche hielt in jenen Jahren weiter kleinere Gottesdienste in dem verwaisten Bau ab, der dann seit Ende der Zwanzigerjahre für Tagungen und Sitzungen der Weltmissionskonferenz genutzt wurde. In den Dreißigerjahren wurde parallel zu Renovierungsarbeiten versucht, ein Krankenhaus einzurichten, was durch die Machtübertragung auf die Nationalsozialisten in Deutschland und die erneute Beschlagnahmung des Gebäudes als »Feindesbesitz« durch die Briten nach Kriegsausbruch erschwert wurde. Nach Kriegsende wurde es dem Lutherischen Weltbund in Palästina übertragen, der unter Leitung seines für die Besitztümer im Heiligen Land zuständigen Vertreters Edwin Moll den Krankenhausbetrieb aufnahm.

Während das Dorf Issawiya zum Zeitpunkt der Unterzeichnung des Entmilitarisierungsabkommens von seiner Einwohnerschaft verlassen war, strotzte das Auguste-Viktoria-Hospital vor Leben. Der Lutherische Weltbund gestattete der Arab Women's Association, das Gebäude als Krankenhaus zu nutzen, versorgte mit den ihm zur Verfügung stehenden Mitteln palästinensische Flüchtlinge, die in Baracken und Hütten am Wegesrand campierten, und nahm das berühmte Syrische Waisenhaus mit fünfhundert Waisenkindern und einhundert Beschäftigten wie auch das dortige sehr angesehene Blindenheim in seine Obhut. Die Reihe von humanitären Einrichtungen und vor allem das Krankenhaus selbst, das anfangs von der Beiruter Zentrale des Internationalen Roten Kreuzes und später vom UN-Hilfswerk für Palästina-Flüchtlinge (UNRWA) unterstützt wurde, stellten angesichts des Fehlens eines ordentlichen Krankenhauses in Ostjerusalem und dessen gesamter Umgebung die einzige medizinische Versorgungsmöglichkeit dar – und dies bei einer akuten Seuchengefahr und überhaupt schwierigsten Bedingungen für eine Flüchtlingsbevölkerung, deren Gesamtzahl in Jordanien sich Mitte der Fünfzigerjahre laut Schätzungen der UNO auf rund eine halbe Million belief. Die Zahl der Personen, die in dieser Einrichtung ein und ausgingen und aufgrund des direkten Zugangs von Jordanien zum jordanischen Teil der Exklave nicht kontrolliert wurden, überstieg die im Entmilitarisierungsabkommen bestimmte Limitierung auf vierzig Polizisten um das Vielfache. Angesichts der erzwungenen Stilllegung der jüdischen Einrichtungen, insbesondere des in der Exklave liegenden Hadassa-Krankenhauses, stellte das Auguste-Viktoria-Hospital nicht nur eine wahrhafte Provokation dar, sondern ebenso eine ständige Sicherheitsgefahr. Schließlich ließen sich diejenigen, die sich aus humanitären Gründen dort aufhielten, nicht von Militärs, anfangs irregulären Truppen, dann Soldaten der Arabischen Legion, unterscheiden. Israel hatte in den ersten Jahren über diesen Verstoß gegen das Abkommen hinweggesehen in der Hoffnung, ihn als Argument für die Wiederinbetriebnahme des Hadassa-Krankenhauses verwenden zu können. Im Laufe der Zeit allerdings wurde es unmöglich, derartige Verstöße zu verhindern, weil eine Gewohnheit geschaffen war, die sich kaum mehr ändern ließ, vor allem aber weil das humanitäre Argument mit dem anfangs akuten, nunmehr chronischen Flüchtlingselend immer mehr an Kraft gewann.

Souveränitätspatrouillen

Durch sogenannte Souveränitätspatrouillen unterstrich Israel seinen Anspruch auf ein Areal, dessen Status auf den verschiedenen Karten, die das Entmilitarisierungsabkommen begleiteten, unklar geblieben war und seither für ständige Konflikte zwischen den jordanischen und israelischen Truppen auf dem Berg Scopus sorgte. Courtesy of Micha Bar-Am/Magnum.

Angesichts der wachsenden Spannungen beschloss der UN-Generalsekretär Ende 1957, einen Sondergesandten in die Region zu schicken. Francisco Urrutia war ein kolumbianischer Diplomat, »clever, listig, ein exzellenter und ambitionierter Unterhändler«, wie die Israelis rasch feststellten. Direkte Gespräche fanden nicht statt, da sich Jordanien wie die übrigen arabischen Staaten weigerte, den Staat Israel anzuerkennen. Urrutia war daher zu bilateralen Kurzreisen gezwungen. In den Monaten Dezember und Januar fuhr er 24-mal zwischen Israel und Jordanien hin und her. Parallel dazu verhandelten beide Staaten direkt mit der UNO, begleitet von mündlichen Absprachen und Geheimdokumenten. Mitte Januar berichtete Urrutia ins New Yorker UN-Hauptquartier, die Verhandlungen seien »so schwierig und hektisch mit ständigem absurdem Dauerpendeln zwischen Amman und Jerusalem und Tel Aviv«, dass er ganz ausgelaugt sei von der »nervenaufreibenden« Anstrengung, zwischen den Streitparteien zu schlichten.

Die brennendste aller Fragen war die der Konvois. Da die israelische Seite für ihre Versorgung gänzlich darauf angewiesen blieb, war es wichtig, den regelmäßigen Verkehr unverzüglich wieder aufzunehmen und einen Mechanismus zu schaffen, der Zusammenstöße ausschloss. Der aus israelischer Perspektive bequemste Weg dahin bestand darin, die Verantwortung für die Konvois von Jordanien auf die UN-Beobachter zu übertragen. Jordanien knüpfte seine Einwilligung allerdings an die Bedingung, dass die UNO Israels militärische Aktivitäten in der Exklave, die nach Einschätzung der jordanischen Behörden vor allem auf den Bau von Befestigungsanlagen abzielten, genauestens kontrolliere. Die UN-Kontrolle setzte jedoch voraus, dass Israel sich auf seinem eigenen Territorium überprüfen lassen würde, wozu es wiederum nur unter dem Vorbehalt bereit war, dass das Entmilitarisierungsabkommen und der Artikel 8 des Waffenstillstandsabkommens voll und ganz eingehalten würden. In Anbetracht der regen Aktivitäten auf dem Gelände des Auguste-Viktoria-Hospitals wie auch der Einwohnerzahl Issawiyas und der Stilllegung des Hadassa-Krankenhauses war man von der Erfüllung beider Verträge so weit entfernt wie nie. Um zu einer Lösung zu gelangen, ging Urrutia ein »kalkuliertes Risiko« ein und riet Israel, die Räumung des Auguste-Viktoria-Krankenhauses zu fordern. Dabei war er sich selbstverständlich der Verlegenheit bewusst, in die Israel angesichts der humanitären Not unter den Flüchtlingen in Jordanien mit einer solchen Forderung geraten würde, und ebenso des zu erwartenden internationalen Schadens. Israel fiel jedoch nicht darauf herein. Ben-Gurion erklärte Urrutia bei einem Treffen, es sei »unfair«, ihn als jemanden darzustellen, der die Schließung eines Krankenhauses fordere. Sein Vorschlag lautete, das Auguste-Viktoria-Hospital nicht zu schließen und stattdessen, im Gegenzug für Israels stillschweigende Akzeptanz des dortigen Geschehens, quid pro quo das Hadassa-Krankenhaus wiederzueröffnen.

Am Silvestertag 1957, zwei Tage nach Urrutias Ankunft im Land, löste Ben-Gurion seine Regierung auf. Zuvor war ihre Absicht durchgesickert, Generalstabschef Mosche Dajan – wie man inzwischen weiß – in geheimer Mission in die Bundesrepublik zu schicken, um U-Boote zu erwerben. Die Information sorgte für öffentliche Kritik, woraufhin die Mission abgebrochen wurde. Urrutia musste mehrere Tage warten, bis eine neue, abermals von Ben-Gurion geführte Regierung zusammentrat. In der Zwischenzeit gab Meir ihm bei einem Treffen zu verstehen, dass Israel keinerlei Absicht hege, seine Haltung zu revidieren, und nach wie vor die gänzliche Erfüllung des Waffenstillstandsabkommens zur Bedingung für die UN-Patrouille auf seinem Territorium mache. Während Urrutia auf das Auguste-Viktoria-Hospital setzte, als Realität, der Israel auf internationaler Ebene nur sehr schwer entgegentreten konnte, setzte Ben-Gurion darauf, dass Jordanien es sich gegenüber der arabischen Öffentlichkeit nicht würde erlauben können, auf die Beschränkung der Einwohnerzahl Issawiyas zu drängen, und die Bedingungen des Entmilitarisierungsabkommens somit nicht erfüllen werde. Vor dem Kabinett argumentierte Ben-Gurion:

»Sobald sie bei diesem Paragrafen anlangen, bei der Frage, wie viele Personen im Dorf bleiben können, ist mir klar, dass sie nicht gemäß dem Abkommen agieren können werden, und dann wird das Abkommen nicht erfüllt. Und dann ist es unmöglich, auf den Abriss der bestehenden Befestigungsanlagen zu dringen, da wir diesen besagten Paragrafen haben, der besagt, solange das Scopusberg-Abkommen nicht voll erfüllt wird, ist es unmöglich, auf den Abriss der bestehenden Befestigungsanlage zu dringen. Bis Jordanien zusammenbricht, wird diese Angelegenheit sehr kompliziert sein.«

Ein feiner Faden musste gefunden werde, um das Knäuel zu entwirren, und Urrutia kam ganz unerwartet der Gedanke an die Bibliothek. Warum sollte man von Jordanien nicht die Herausgabe der Bücher als »Geste des guten Willens« verlangen, fragte er Golda Meir beim ersten Treffen. Sei es nicht »lächerlich, die ganzen Bücher dort zu lassen«? Sein Vorschlag drang kaum in ihr Bewusstsein vor. Meir war vollkommen darauf fixiert, die Kontrolle der anliefernden Konvois abzuschütteln. So erklärte sie in einer Kabinettssitzung: »Wir würden lieber das, was hinaufmuss, hinaufschaffen, statt etwas herunterzuschaffen [...].« Sie lenkte das Gespräch auf andere Themen, darunter aktuelle Sicherheitsfragen, und die Frage der Bücher geriet über lange Minuten hinweg in Vergessenheit. Es war ihr Begleiter Yosef Tekoah, der Vertreter des Außenministeriums in der Waffenstillstandskommission, der abermals die Bibliothek und das Herbarium ansprach. Als das Thema der Bücher erneut aufkam, hielt Urrutia daran fest, während Meir, aus dem Konzept gebracht, auf die Frage des Benzins zu sprechen kommen wollte. »Ich möchte etwas bekommen«, sagte er zu Meir. Die Frage der Bücher schien ihm lösbar zu sein. In den Tagen nach dem ersten Gespräch gelang es Urrutia, beide Teile der Exklave zu besuchen, und bei seinem zweiten Treffen mit dem israelischen Team Anfang Januar übermittelte er seine Eindrücke. »Ich habe mir die Bücher angesehen«, warf er Meir in seinem gewohnten Staccato entgegen, »und ich habe gesehen, dass die Bücher in großer Gefahr stehen, zerstört oder beschädigt zu werden, und man muss sie zurückbringen – aber es machen; nicht sagen, aber es machen.« Bei seinem Treffen in Jordanien hatte er wohl verstanden, dass die Jordanier, die sich allein auf das Waffenstillstandsabkommen beriefen, in dem die Exklave überhaupt nicht erwähnt wurde, einen israelischen Zugang zur Universität und zum Hadassa-Krankenhaus an die israelische Anerkennung jordanischer Souveränität auf dem Areal knüpften. Der Versuch, zu einer grundsätzlichen Regelung des Status der Exklave zu gelangen, war insofern aussichtslos. Auf der praktischen Ebene zeigte Urrutia sich allerdings überzeugt, dass »man die Bücher vom Berg herunterholen« könne.

Dass Israel nicht daran gelegen sei, die gesamte Bibliothek zu verlegen, hatte Meir Urrutia bereits bei ihrem ersten Treffen übermittelt, und sie tat es nun noch einmal. Es gehe Israel lediglich um einen Teil der Bücher, der andere solle oben verbleiben, um zu unterstreichen, dass man nicht vorhabe, den Besitz aufzugeben, berichtete der britische Botschafter nach einem Gespräch mit Walter Eytan nach London. Ben-Gurion schrieb Urrutia wiederum, Israel wolle »zumindest einen Teil dieser Schätze« evakuieren, wobei er ausdrücklich die Bibliothek und das Herbarium nannte. Als am Ende der Verhandlungen eine schriftlich fixierte und verpflichtende Regelung in Form eines am 18. Januar von beiden Seiten angenommenen Protokolls erzielt wurde, blieb die Frage der Bücher und Sammlungen einem Zusatz vorbehalten, der den allgemeinen Vereinbarungen untergeordnet war. Über einen Teil dieser Fragen – etwa Kernprobleme wie Issawiya, Auguste-Viktoria-Hospital und Artikel 8 –, sollte später eine Verständigung erzielt werden. Mangels einer von beiden Seiten akzeptierten Spezifizierung der Details kam es rasch zu Missverständnissen, etwa als sich Ende Januar 1958 bei den Vorbereitungen zum ersten Abtransport der Bücher herausstellte, dass keine Einigung darüber erzielt worden war, mit welchen Lastwagen dies geschehen solle. Eine fehlgeleitete Anfrage an die Jordanier, die davon ausging, der Buchtransport werde innerhalb der zweiwöchentlich verkehrenden regulären Konvois abgewickelt, stiftete Verwirrung, und Urrutia empfahl, Jordanien »soweit es geht außen vor zu lassen«. Er bat darum, die Frage der regulären Konvois nicht unnötig zu verkomplizieren und die Bücher mit UN-Lastwagen zu transferieren; allerdings machten nun nicht nur die Jordanier, sondern auch die UN-Beobachter in der Exklave Schwierigkeiten – etwa Flint, der erschrak, als er von Sussmann erfuhr, dass für die Bücher rund 1 000 Lastwagenladungen benötigt würden. »Warum musste von dieser ungeheuren Zahl ausgegangen werden«, klagte Urrutia, der nach einem Gespräch mit Ben-Gurion verstanden hatte, zum Abtransport seien »vor allem alte Bücher und besonders kostbare Sammlungen« bestimmt, während »der Löwenanteil der Bibliothek« oben bleiben sollte.

Als er sich der Limitierung aufseiten aller Beteiligten bewusst wurde, nahm Urrutia die Verantwortung für die Missverständnisse auf sich und bat darum, ihn das Problem auf seine Weise lösen zu lassen. Ohnedies war ihm nicht ganz wohl im Hinblick auf das UN-Team auf dem Berg Scopus, das er für unfähig hielt, eine in erster Linie politische, nicht militärische Funktion zu erfüllen. Seinem Eindruck nach saß der UN-Stab im Government House »von der Realität entfernt auf einem Hügel«, weswegen man sich vorsehen müsse vor dem Drang jener Leute, penibel nach »Kleinigkeiten« zu suchen. Israel sollte die gewünschte Reihenfolge für den Abtransport der Bücher und Sammlungen festlegen und bat darum, mit dem Herbarium, mit Teilen der Konkordanz zur arabischen Dichtung und einiger weiterer

Sammlungen zu beginnen. Aus israelischer Sicht lag es an dem UN-Vertreter Vigier, der nach Urrutias Rückkehr nach New York in Jerusalem zurückblieb und sich »dank seiner Dummheit oder bösen Absicht« – so die Einschätzung des israelischen Außenministeriums – für die strenge Auslegung entschied und sich unter sicherheitspolitischem Vorwand an die Jordanier wandte, um deren Einwilligung in den Abtransport der Bücher einzuholen. Diese »irregeleitete und irreführende Behandlung« durch Angehörige des UN-Beobachterstabs ermöglichte es Jordanien, seine Position erneut zu überdenken und die anfängliche Bereitschaft zurückzunehmen. Unter Berufung auf den Standpunkt seines Außenministers Samir Al-Rifai behinderte Jordanien nun die Herausnahme der Artefakte und interpretierte das Abkommen dahingehend neu, dass der Abtransport der Bücher und Sammlungen an die Regelung der UN-Kontrolle im israelischen Teil der Exklave geknüpft sei. Damit drohte der Erfolg zunichtegemacht zu werden, den Israel durch Urrutia bei den Verhandlungen erreicht hatte: die Trennung der Konvoifrage in all ihren Aspekten von der Frage der Kontrolle über seinen Teil der Exklave, also der Kontrolle der Befestigungsanlagen und ihrer Verschiebung auf einen späteren Termin unter der Bedingung der Erfüllung des Entmilitarisierungsabkommens und des Artikels 8 des Waffenstillstandsabkommens.

Um die Ergebnisse von Urrutias Mission nicht zu gefährden, musste erneut Dag Hammarskjöld eingeschaltet werden. Der UN-Generalsekretär beauftragte nun Ralph Bunche, der als Vater des 1949 von Israel und seinen Nachbarn unterzeichneten Waffenstillstandsabkommens im Jahr darauf den Friedensnobelpreis erhalten hatte, neben Urrutia als Sonderbeauftragter für die Frage des Scopusbergs zu fungieren. Urrutia musste im April abermals die Region bereisen. Die Wehen des Abkommens waren heftig und

Urrutia – der ohne Zweifel wusste, dass der Teufel im Detail steckt – warf sich abermals in die Bresche und schlug den Weg frei für die Übereinkünfte, in deren Rahmen festgelegt wurde, dass Israel jedem regulären Konvoi wenigstens einen Lastwagen mit Büchern hinzufügen dürfe. Ein Detail verheimlichte er der israelischen Seite, wobei er einzig und allein den Präsidenten der Hebräischen Universität, den Archäologen Benjamin Mazar, darüber informierte und sich dessen Unterstützung versicherte. Es war dies die mit dem jordanischen Außenminister erzielte Absprache, wonach im ersten Schritt lediglich Bücher und Karteikarten der Konkordanz vom Berg Scopus geholt würden, während das Herbarium – darauf bestand der mit der Fortsetzung von Israels militärischer Aktivität auf dem Gebiet hadernde Al-Rifai – erst im Januar nach einem weiteren Besuch eines hochrangigen UN-Vertreters in der Region verlagert werden durfte. Warum die Jordanier ausgerechnet die Herausgabe des Herbariums blockierten und es zum Unterpfand für einen weiteren Besuch machten, ist ungewiss. Flint, der mit der Abwicklung des ersten Konvois betraut war, war in die Sache eingeweiht, ohne sich allerdings des Informationsungleichgewichts bewusst zu sein. Er folgte penibel den Anweisungen Urrutias und verweigerte strikt die Verladung des Herbariums. Die israelischen Kräfte am Ort, die von den Absprachen zwischen Urrutia und Al-Rifai nichts wussten, hielten sich wiederum streng an die Anweisungen ihrer Befehlshaber, beharrten auf der Verladung des Herbariums und verweigerten die Abfahrt des Lastwagens ohne einen Teil der Herbarbögen. Es kam zu einer Auseinandersetzung. In einem langatmigen Brief an seine Vorgesetzten, in dem er sich verbittert über Einzelheiten des Vorfalls ausließ, beschwerte sich Flint, dass die Israelis schon seit einiger Zeit nicht mehr auf das UN-Team hören und sich vor den Augen der Jordanier in unverschämter

Weise über seine Anweisungen hinwegsetzen würden. Er hielt sich und seine Vorgesetzten weiter mit Details in Trab, eben jenen »Kleinigkeiten«, von denen Urrutia gesprochen hatte. Dies war allerdings ohne Belang, da hierüber gemäß der mit Al-Rifai getroffenen Übereinkunft erst Anfang 1959 befunden werden sollte.

Bevor Urrutia im April 1958 seine Mission beendete, wollte er mit den Israelis über die künftige Lösung der Probleme des Scopusbergs beraten. Einer der Hauptstreitpunkte betraf dabei den »Garten Shulamits«, ein Areal, dessen Status auf den verschiedenen Karten, die das Entmilitarisierungsabkommen begleiteten, unklar geblieben war und seither für ständige Konflikte zwischen den jordanischen und israelischen Truppen auf dem Berg Scopus sorgte. Immer wieder unterstrich Israel seinen Anspruch auf das Gebiet durch Militärpatrouillen, die intern Souveränitätspatrouillen genannt wurden. Die Angelegenheit hatte Urrutia bereits bei seinem ersten Treffen mit Golda Meir im Januar enerviert. »Meine Güte!«, entfuhr es ihm seinerzeit angesichts der Souveränitätsansprüche, es wäre ihm lieber, »nicht darauf einzugehen.« Jedoch war es kaum möglich, der Frage aus dem Weg zu gehen. Urrutia hoffte, dass es Israel gelinge, den Besitzanspruch der Universität auf den »Garten Shulamits« zu beweisen. Um zukünftige Konflikte zu vermeiden, hielt er es daher für wünschenswert, »die Grenze jenes Gebiets zu bestimmen, in dem die Einwohner Issawiyas ungestört arbeiten können«.

Beim Abschiedstreffen verlieh Ben-Gurion seinem Wunsch Ausdruck, dass es Urrutia glücken möge, den Scopusberg aus der Phalanx der umstrittenen Fragen herauszulösen. Grundsätzlich betrachte Israel das erzielte Abkommen als provisorisch; seine einwandfreie Umsetzung sei die Grundlage für die Umsetzung des Artikels 8. Ben-Gurion sprach zudem von der Hoffnung, die Beilegung des Scopusberg-

Konflikts diene einem umfassenderen Frieden. Ganz gleich, ob dies ernst gemeint oder reine Rhetorik war, diese Hoffnung entbehrte jeglicher Grundlage. Urrutias Befürchtungen hingegen bewahrheiteten sich bereits wenige Wochen nach seiner Abreise: Ende Mai 1958 wurden israelische Soldaten bei einer solchen »Souveränitätspatrouille« von jordanisch kontrolliertem Gebiet aus beschossen. Flint, der sich, da er die Lage falsch eingeschätzt und sie nicht gewarnt hatte, für ihr Schicksal verantwortlich fühlte, eilte ihnen zu Hilfe und wurde erschossen. Dieser Vorfall war einer der schwersten, die sich in der Exklave auf dem Scopusberg während ihres 19-jährigen Bestehens ereigneten. Urrutia, der sich erfolgreich für den angemessenen Umgang mit Israels kulturellen Schätzen eingesetzt hatte, war offenkundig nicht in der Lage, das durchzusetzen, was der Artikel 8 bestimmte: »die Wiederaufnahme des regulären Betriebs der kulturellen und humanitären Einrichtungen auf dem Scopusberg und die freie Zufahrt zu ihnen«. Und der arme Flint, er bezahlte mit seinem Leben dafür, dass Israel und Jordanien sich bei der Interpretation dieses Paragrafen nicht einigen konnten. Seit Langem schon war die auf dem Papier entmilitarisierte Exklave zum Niemandsland zwischen zwei Staaten geworden, die dem Anschein nach einem Waffenstillstandsabkommen verpflichtet waren – einem Abkommen, das bei seiner Unterzeichnung im April 1949 darauf angelegt war, ein Friedensabkommen herbeizuführen. Doch ein solches rückte mit den Jahren in immer weitere Ferne.

Epilog

Ab Ende der 1950er Jahre gelangten die Kulturschätze von »Massada« – wie die hier stationierten Soldaten den Ort auf dem Scopusberg nannten –, hinab in den Westteil Jerusalems. Im Terra Sancta College in Rechavia etwa füllten sich die Räume mit Büchern. Courtesy of Edgar (Edi) Hirschbein/The Hebrew University of Jerusalem.

»Was für eine bittere Ironie der Geschichte. In den Zeiten des romantischen Zionismus hatten wir geglaubt, Zion werde durch Rechtschaffenheit erlöst und von Jerusalem werde das Wort des Herrn ausgehen«, klagte Magnes bei seiner Eröffnungsrede zum Studienjahr 1947/48 im Anklang an den Propheten Jesaja. Es war dies dieselbe Rede, in der Magnes die Universität als *res publica* pries und sie – zutiefst verzweifelt über die wachsende politische Gewalt – als Einrichtung beschwor, »die einerseits integraler Bestandteil des Lebens der Gemeinschaft ist und andererseits eine Dissidentin, getrennt von Staat und *ekklesía*, insofern sie sich, was immer auch die Mehrheit entscheidet, nicht ihrer Freiheit der Wissenschaft, des Denkens und der Rede entäußern kann«. Jene Worte schienen sich auf seine und seiner Mitstreiter Gedanken- und Redefreiheit zu beziehen. Nun, nach dem Ende des romantischen Zionismus, da die Macht über den Geist zu triumphieren begann, zeichneten sich im Prozess der Selbstbeschränkung, in dessen Verlauf die Gelehrten ohne direkten äußeren Druck den Staat anerkannten, die Grenzen jener Freiheit ab. Nachdem ein Teil anfangs durchaus mit Magnes übereinstimmte, änderte sich die Haltung vieler von ihnen in kürzester Zeit. Auch wer früher kein Souveränitätsstreben an den Tag gelegt hatte, gewöhnte sich nach und nach an die neue politische Realität. Magnes wurde nur noch von den Wenigsten als ihr Sprecher empfunden, und nachdem er auf eigene Faust in die Vereinigten Staaten abgereist war, um dort an der Schwelle der Verwirklichung des von ihm verabscheuten Teilungsplans für die Idee der »Treuhänderschaft« zu werben, galt er in den Augen mancher gar als Verräter. Angesichts der Kriegserfahrung jener Monate und der erstaunlichen Kriegserfolge des Staates, der nun entstand, scheint diese Reaktion verständlich.

In Zeiten des Krieges ist die Redefreiheit ein kostbares Gut. Außer Magnes und seinen Gleichgesinnten bedurften ihrer auch andere Gelehrte. Dies galt etwa für seinen entschiedenen politischen Widersacher Joseph Klausner. In Litauen geboren und im jüdischen Odessa zum glühenden Zionisten gereift, war er wie Magnes in Heidelberg promoviert worden, gehörte jedoch anders als dieser den revisionistischen Kreisen Europas und dann Palästinas an. Bereits Ende der Zwanzigerjahre bestritt Klausner die von Magnes und Bergmann behauptete Nähe ihrer Ansichten zum Kulturzionismus im Sinne Achad Ha'ams. Dieser habe die Notwendigkeit einer hebräischen Mehrheit im Land Israel erkannt und sogar die Balfour-Deklaration ins Hebräische übersetzt; Magnes und Bergmann hingegen hätten die Idee »nationalstaatlicher Erlösung« ermordet. Dieser Haltung blieb Klausner treu, als er Ende Juli 1948 als Erstunterzeichner einer Petition der Milizen Irgun und Lechi – Erzfeinde von Magnes – fungierte, die zu einer Volksabstimmung über eine Annexion Jerusalems durch Israel aufrief. Das Massenvotum sollte ein Gegengewicht zum ersten Bernadotte-Plan darstellen, der für einen Anschluss Großjerusalems an das Königreich Jordanien plädierte. Wegen dieses Plans wurde Bernadotte am Ende in Jerusalem ermordet. Aber so, wie die Initiative die Schritte des Vermittlers unterminierte, begann sie, nachdem sie auch in Armeekreisen an Fahrt gewonnen hatte, die Autorität der entstehenden staatlichen Einrichtungen zu gefährden. Auf Anweisung der Regierungspartei Mapai wurde Dov Yosef kraft seines Amtes als Vorsitzender des Jerusalem-Komitees unverzüglich aktiv und zwang Klausner mittels eines Tricks, sich im staatlichen Rundfunk von der Initiative zu distanzieren. Tags darauf erklärte Ben-Gurion in seiner Funktion als Verteidigungsminister Jerusalem und Umgebung zum »gehaltenen Gebiet« – ein Schritt, der es ermöglichte, die Stadt unter israelisches Recht zu stellen, ohne sie zu annektieren, was gegen internationales Recht verstoßen hätte. Zum Militärgouverneur ernannte er Yosef, der dieses Amt allerdings nur kurz bekleidete. Im Februar 1949 wurde offiziell erklärt, dass Jerusalem kein besetztes Gebiet mehr sei.

Zwei Orte, die während der Zeit des britischen Mandats zwei konfligierende Begriffe des Heiligen symbolisierten – die Altstadt und der Kamm des Scopusbergs –, blieben außerhalb jenes Teils der Stadt, über den sich Israels Souveränität de facto erstreckte. Die Altstadt fiel bei den Kämpfen der Arabischen Legion in die Hände, um später mit dem

Ostteil der Stadt von Jordanien annektiert zu werden. Der Kamm des Scopusbergs mit seinen Einrichtungen – eine andere Art von Heiligtum – verblieb innerhalb der entmilitarisierten Exklave. Unter diesen Bedingungen, da das Schicksal der wissenschaftlichen und kulturellen Schätze vom guten Willen der Jordanier und der Effizienz der UN-Beobachter abhängig war, verloren die Gelehrten den Zugriff auf die Bücher und Sammlungen. Diese waren nun einer anderen Logik unterworfen, der Logik des Konflikts. Ihr Lebensrhythmus war nicht mehr der des akademischen Jahres, sondern der ewige Wechsel von Anspannung und Entspannung. Die andere Heiligkeit des Ortes wich den strategischen Vorteilen des Höhenkamms, der die Straße zwischen Ramallah und Jericho überblickte und das Westjordanland in Kriegszeiten in zwei Teile zu trennen drohte. Der Abgrund zwischen dem eigentlichen Wesen der Einrichtungen und der Mission, die ihnen nun als Wächter eines strategischen Postens und als Zeugen des Legitimitätsanspruchs auf das Gebiet, auf dem sie sich befanden, auferlegt war, wurde immer tiefer. Jawnes Zeit in Jerusalem war vorüber, und nachdem Israel seine Stellung in der Exklave gefestigt hatte, war schließlich die Zeit gekommen, die Kulturschätze nach und nach vom Berg hinab in den Westteil der Stadt zu bringen, »Massada« – wie der Ort von den hier stationierten Soldaten genannt wurde – hinter sich zu lassen, um der Logik der Macht zu folgen.

Quellen und Literatur

Prolog

Ausgangspunkt des vorliegenden Essays und hierin eingeflossen ist die Darstellung: Yfaat Weiss, »Nicht durch Heer oder Kraft, sondern durch meinen Geist«. Die Hebräische Universität in der Skopus-Enklave, in: Jahrbuch des Simon-Dubnow-Instituts/Simon Dubnow Institute Yearbook 14 (2015), 59–90. Zu den Anfängen der Manuskriptsammlung in der National Library in Jerusalem: Lina Barouch, Introduction [zum Schwerpunkt: The Return to the Archive. Dispersal, Transmission, and Anticipation in Personal Archives between Germany and Israel], in: Jahrbuch des Dubnow-Instituts/Dubnow Institute Yearbook 17 (2018), Göttingen 2020, 299–311; Stefan Litt, Zeugnisse deutsch-jüdischer Kulturgeschichte. Der Erwerb deutschsprachiger Privatnachlässe für die Jewish National and University Library in Jerusalem 1934–1971, in: Tel Aviver Jahrbuch für Deutsche Geschichte 41 (2013), 195–212; Mordekhai Nadav, Stefan Zweigs Übersendung seiner Privatkorrespondenz an die Jewish National and University Library, in: Bulletin des Leo Baeck Instituts 63 (1982), 67–73; Gotthold Weil, Das Zunz-Archiv, in: Bulletin des Leo Baeck Instituts 7 (1959), 148–161; Stefan Zweig, Briefe zum Judentum, hg. von Stefan Litt, Berlin 2020.

*

Die Zweig-Zitate »Ich habe da eine Auslese des wahrhaft Wichtigen gemacht […]« und »Ich glaube ohne jede Überhebung […]« finden sich in: The National Library of Israel

(NLI), Stefan Zweig Collection, ARC. Ms. Var. 305 1131, Stefan Zweig an die Jüdische National- und Universitätsbibliothek, 11. Dezember 1933 (Hervorhebung im Original unterstrichen); auch veröffentlicht in: Stefan Zweig, Briefe, hg. von Knut Beck und Jeffrey B. Berlin, 4 Bde., Frankfurt a. M. 1995–2005, hier Briefe 4: 1932–1942, Frankfurt a. M. 2005, 79 f., und in der virtuellen Ausstellung »Künste im Exil«, <https://kuenste-im-exil.de/KIE/Content/DE/Objekte/zweig-stefan-brief-an-hugo-bergmann.html> (1. Juni 2021).

Gotthold Weils Rückblick auf die drängendsten Aufgaben der Universitätsleitung während des Zweiten Weltkrieges entstammt ders., Das Zunz-Archiv, 149 (Hervorhebung im Original gesperrt); Ismar Elbogen wurde hier zit. nach ders., Ein Jahrhundert jüdischen Lebens. Die Geschichte des neuzeitlichen Judentums, hg. von Ellen Littmann, Frankfurt a. M. 1967, 610 (zuerst engl.: A Century of Jewish Life, Philadelphia, Pa., 1944).

Die Bemerkung von Stefan Zweig, er fühle sich »doch nicht recht als Besitzer« seiner Briefe, gibt wieder Nadav, Stefan Zweigs Übersendung seiner Privatkorrespondenz an die Jewish National and University Library, 69; Zweigs Zeilen an Martin Buber, er sei »ganz klar und entschlossen […]«, finden sich in: NLI, Martin Buber Archive, ARC. Ms. Var. 350 8 933 (undatiert, eigenhändig), veröffentlicht in: Zweig, Briefe 3: 1914–1919, Frankfurt a. M. 1998, 202 f.; vgl. auch Zweig, Briefe zum Judentum, 60.

Ein anderes Heiligtum

Zur Gründung der Hebräischen Universität auf dem Berg Scopus: Arthur A. Goren, Sanctifying Scopus. Locating the Hebrew University on Mount Scopus, in: Elisheva Carlebach u. a. (Hgg.), Jewish History and Jewish Memory. Essays in Honor of Yosef Hayim Yerushalmi, Hanover, N. H./London 1998,

330–347; ders., The View from Scopus. Judah L. Magnes and the Early Years of the Hebrew University, in: Judaism. A Quarterly Journal of Jewish Life and Thought 45 (1996), H. 2, 203–224. Zur Hebräischen Universität und der zionistischen Politik in der Mandatszeit: Hedva Ben-Israel, Bi-Nationalism versus Nationalism. The Case of Judah Magnes, Israel Studies 23 (2018), H. 1, 86–105; Uri Cohen, Conflict in Academia. The Hebrew University during the War of Independence, 1947–49, in: Journal of Israeli History 22 (2003), H. 2, 96–129; Benjamin Z. Kedar, The Description of Weizmann's First Encounter with Balfour, 1906. Legendary or Factual?, in: ders. (Hg.), Chaim Weizmann. Scientist, Statesman and Architect of Science Policy, Jerusalem 2017, 138–152; Jehuda Reinharz/Motti Golani, Chaim Weizmann. From the Balfour Declaration to the Establishment of the State of Israel, in: Michael J. Cohen (Hg.), The British Mandate in Palestine. A Centenary Volume, 1920–2020, London 2020, 235–251; Yfaat Weiss, Souveränität und Territorialität in der Enzyklopädie jüdischer Geschichte und Kultur, in: Denkströme. Journal der Sächsischen Akademie der Wissenschaften zu Leipzig 20 (2018), 80–86; dies., Central European Ethnonationalism and Zionist Bi-Nationalism, in: Jewish Social Studies 11 (2004), H. 1, 93–117.

*

Das Jesajawort »Denn von Zion wird Weisung ausgehen […]« zitierte Judah L. Magnes bei der Zeremonie zur Einweihung des Instituts für Jüdische Studien am 22. Dezember 1924; vgl. dazu Goren, The View from Scopus, 209.

John Gray Hills euphorische Schilderung: »Von unserem Haus aus bietet sich der […] erhabenste und prachtvollste Anblick […]«, wurde zitiert nach Jacob Wahrman, From Camp to Campus. Gray Hill's Country House and the Origin of the Hebrew University, in: Shaul Katz/Michael Heyd (Hgg.), The

History of the Hebrew University of Jerusalem. Origins and Beginnings, Jerusalem 2000, 163–200, hier 167 (hebr.).

Die Rede Arthur James Balfours vom April 1925 findet sich in: Central Zionist Archives (nachfolgend CZA), A185/32/7, Eröffnung der Hebräischen Universität, Lord Balfour über die neue Ära in Palästina, 3 (hebr.); der englischsprachige Originaltext der Rede ist abgedruckt bei Goren, Sanctifying Scopus, hier 334.

»Titus hat den biblischen Tempel zerstört […]«; Itamar Ben-Avis Beitrag in *Do'ar Ha-Jom* wird zitiert nach Yair Paz, The Hebrew University on Mount Scopus as a Secular Temple, in: Katz/Heyd (Hgg.), The History of the Hebrew University, 281–308, hier 292.

Für das Wort vom »dritten Tempel« vgl. Jehuda Reinharz, Laying the Foundation for a Hebrew University in Jerusalem. The Role of Chaim Weizmann (1913–1914), in: Cathedra 46 (1987), 123–146, hier 126 (hebr.); Weizmanns Eröffnungsrede ist abgedruckt in: Dr. Ch. Weitzmann, Opening of the Hebrew University. Historic Speeches, in: The Palestine Bulletin, 2. April 1925, 1.

»Die Tatsache, daß nunmehr wirklich […]«, das Zitat entstammt Arthur Ruppin, Tagebücher, Erinnerungen, hg. von Shlomo Krolik, Königstein/Ts. 1985, 362.

Menachem Ussischkins Prognose: »Der Scopusberg wird zum kulturellen Zentrum […]«, ist hier wiedergegeben nach Yair Paz, A Zionist Partition Plan for Jerusalem (1937–1938), in: Cathedra 72 (1994), 113–134, hier 133 (hebr.).

Jehuda L. Magnes' Tagebucheintrag: »Langsam verfällt das auserwählte Volk […]«, wurde zitiert nach Hedva Ben-Israel, Politics on Mount Scopus during the Mandatory Period, in: Hagit Lavsky (Hg.), The History of the Hebrew University of Jerusalem. Academic Progression in a Period of National Struggle, Jerusalem 2009, 3–86, hier 36 (hebr.); für seine Rede zur Eröffnung des Studienjahrs 1947/48 vgl. Hebrew University Archives (nachfolgend HUA), J. L. Magnes, Responsibility. Address Opening the Academic Year 1947–1948 (Jerusalem, 29. Oktober 1947), hier bes. 5, 9 und 12.

Zur Tagesordnung der erwähnten Senatssitzung siehe HUA, Senatssitzung, Sitzung VII (1947/48), 12. Februar 1948 (hebr.).

Corpus separatum

Zum Sonderausschuss UNSCOP, dem Teilungsplan und der Situation in Jerusalem Ende 1947: Benjamin Akzin, The United Nations and Palestine, in: Nathan Feinberg/Jacob Stoyanovsky (Hgg.), The Jewish Yearbook of International Law 1948, Jerusalem 1949, 89–92; Elad Ben-Dror, The Success of the Zionist Strategy vis-à-vis UNSCOP, in: Israel Affairs 20 (2014), H. 1, 19–39; ders., The United Nations Plan to Establish an Armed Jewish Force to Implement the Partition Plan (United Nations Resolution 181), in: Diplomacy & Statecraft 24 (2013), H. 4, 559–578; ders., Ralph Bunche and the Establishment of Israel, in: Israel Affairs 14 (2008), H. 3, 519–537; Michael Joseph Cohen, Palestine and the Great Powers 1945–1948, Princeton, N.J., 1982, 260–276; Yehoshua Freundlich, The First Debate on Palestine in the Permanent Mandates Commission of the League of Nations, in: Studies in Zionism 5 (1982), 115–128; Motti Golani, The End of the British Mandate for Palestine, 1948. The Diary of Sir Henry Gurney, Basingstoke/New York 2009; Rosalyn Higgins, United Nations Peacekeeping 1946–1967. Documents and Commentary, 4 Bde., London 1969, hier Bd. 1, 5–17; William Roger Louis, British Imperialism and the End of the Palestine Mandate, in: ders./Robert W. Stookey (Hgg.), The End of the Palestine Mandate, Austin, Tex., 1986, 1–31, bes. 20 f.; Benny Morris, 1948. A History of the First Arab-Israeli War, New Haven, Conn., 2008, 37–74; United Nations Special Committee on Palestine, Report to the General Assembly.

Official Records of the Second Session of the General Assembly, Supplement No. 11, Lake Success, N. Y., 1947; Yearbook of the United Nations, 1947–1948, New York 1949, 230.

*

Die Passage aus UN-Resolution 181 wurde hier zitiert nach Yearbook of the United Nations, 1947–1948, 254.

General Glubb Pashas Erinnerungen: »Die beiden jüdischen Viertel boten in friedlichen Zeiten zwei sehr kontrastreiche Bilder [...]«, folgen der Ausgabe John B. Glubb Pascha, Jenseits vom Jordan. Soldat mit den Arabern, München 1958, 100.

Zu Martin Bubers Vorschlag, »die Internationalisierung Jerusalems zu beschleunigen«, siehe HUA, Senatssitzung, Sitzung IV (1947/48), 31. Dezember 1947, 35 (hebr.); zum darauffolgenden Senatsbeschluss siehe ebd., 35 (hebr.).

Die Passagen aus dem öffentlichen Aufruf Magnes', Bubers und Senators gegen Gewalttaten finden sich in: CZA, AK100/1, M. Buber, D. W. Senator, J. L. Magnes, The Following Letter Has Been Released Today to the Jewish Press of Palestine, 29. Januar 1948; zum Treffen der drei Universitätsvertreter mit Jitzchak Gruenbaum siehe ebd., D. W. Senator, Notiz zum Gespräch mit Herrn Gruenbaum, 19. Januar 1948, 1 (hebr.).

Umleitung

Zu David Werner Senator: Adi Livny, Fighting Partition, Saving Mount Scopus. The Pragmatic Binationalism of D. W. Senator (1930–1949), in: Studies in Contemporary Jewry 31 (2020), 225–246. Zur Wiener-Sammlung: Ben Barkow, Wiener Library, in: Enzyklopädie jüdischer Geschichte und Kultur, im Auftrag der Sächsischen Akademie der Wissenschaften zu Leipzig hg. von Dan Diner, 7 Bde., hier Bd. 6, Stuttgart 2015, 404–408.

Zum Hadassa-Krankenhaus und zur Tragödie des Versorgungskonvois: Larry Collins/Dominique Lapierre, O Jerusalem! New York 2007, 283–291 (1. Aufl. 1972); Mira Katzburg-Yungman, Hadassah. American Women Zionists and the Rebirth of Israel, Liverpool 2011, 159–173; Benny Morris, 1948. A History of the First Arab-Israeli War, New Haven, Conn., 2008, 128 f.

*

Die Zitate aus der Korrespondenz zwischen Weltsch und Senator sind zu finden in: CZA, AK100/1, Weltsch an Senator, 21. Januar 1948, und Senator an Weltsch, 22. Februar 1948.

Chaim Yasskis Auffassung, man dürfe den Scopusberg »nicht preisgeben«, wurde zitiert nach HUA, 06/I/48, Yasski an Senator, 10. Februar 1948 (hebr.); für sein Festhalten am Standort Scopusberg vgl. Moshe Arenwald, Siege within a Siege. Mount Scopus in the War of Independence, Jerusalem 2010, 120 (hebr.); seine Einschätzung im Abschlussbericht: »Es schien keine andere Möglichkeit zu bestehen, als den Scopusberg als einen Komplex zu betrachten [...]«, findet sich in: HUA, 06/II/48, Dr. C. Yasski, Zusammenfassung der Beratung über die Probleme von Hadassa und Hebräischer Universität, 5. April 1948 (engl.).

Das Treffen der Bevollmächtigten von Universität und Krankenhaus mit Ben-Gurion ist dokumentiert in: ebd., D. W. Senator, Meeting on Future of Mt. Scopus, 11. April 1948 (12. April 1948).

Krieg

Zu den Kämpfen in Jerusalem nach dem Abzug Großbritanniens: Yoav Gelber, Palestine, 1948. War, Escape and the Emergence of the Palestinian Refugee Problem, Brighton 2001, 138–154; John B. Glubb Pascha, Jenseits vom Jordan. Soldat mit den Arabern, München 1958; Dov Joseph, The Faithful City. The Siege of Jerusalem, 1948, New York 1960; Benny Morris, 1948. A History of the First Arab-Israeli War, New Haven, Conn., 2008, 180–263; David Tal, War in Palestine, 1948. Israeli and Arab Strategy and Diplomacy, London 2004, 201–246. Zu den israelisch-jordanischen Beziehungen im Jahr 1948: Uri Bar-Joseph, The Best of Enemies. Israel and Transjordan in the War of 1948, London 1987; Yoav Gelber, Jewish-Transjordanian Relations 1921–1948, London 1996, 241–286; Richard Jasse, Great Britain and Abdullah's Plan to Partition Palestine. A National Sorting Out, in: Middle Eastern Studies 22, (1986), H. 4, 505–521; Benny Morris, The New Historiography. Israel Confronts Its Past, in: ders. (Hg.), Making Israel, Ann Arbor, Mich., 2007, 11–28; ders., The Road to Jerusalem. Glubb Pasha, Palestine and the Jews, London 2002, 91–208; Ilan Pappé, The Making of the Arab-Israeli Conflict, 1947–51, London 1992, 113–121; Avraham Sela, Transjordan, Israel and the 1948 War. Myth, Historiography and Reality, in: Middle Eastern Studies 28 (1992), H. 4, 623–688; Avi Shlaim, The Politics of Partition. King Abdullah, the Zionists and Palestine, 1921–1951, Oxford 1990; ders., Collusion Across the Jordan. King Abdullah, the Zionist Movement, and the Partition of Palestine, Oxford 1988; Ronen Yitzhak, A Small Consolation for a Big Loss. King Abdallah and Jerusalem during the 1948 War, in: Israel Affairs 14 (2008), H. 3, 398–418.

*

General Glubb Pashas Aussage zur Einnahme der Jerusalemer Altstadt »vor beinahe 1 900 Jahren […]« ist zitiert nach Morris, The Road to Jerusalem, 161.

Der Kommentar von Innenminister Gruenbaum (»ein ›Wunder‹«) wie auch Yigal Alons Verfügung (»Hadassa und die Hebräische Universität dürfen nicht geräumt werden […]«) finden sich bei Moshe Arenwald, Siege within a Siege. Mount Scopus in the War of Independence, Jerusalem 2010, 279 bzw. 277 (hebr.).

Der Bericht Chaim Herzogs sowie die erwähnte Einschätzung der UN-Vertreter bezüglich der Flagge sind abgedruckt in: Report by C.V. Herzog, in: Documents on the Foreign Policy of Israel, Bd. 1: 14 May – 30 September 1948, hg. von Yehoshua Freundlich, Jerusalem 1981, 42–52, hier 50 (hebr.).

Die Äußerung über Graf Bernadotte, »der sich in einem Labyrinth verlor [...]«, gibt Pablo de Azcarate, Mission in Palestine, 1948–1952, Washington, D.C., 1966, 94 wieder.

John Sheringhams Bericht an das britische Außenministerium befindet sich in den British Archives, FO, 371/68509/E7279, Mr. Beaumont. From Jerusalem to Foreign Office, 31. Mai 1948; Werner Senators Einwand gegenüber Sheringham: »Was würde er denken [...]«, sowie sein Gespräch mit Leo Kohn im Mai sind dokumentiert in: HUA, D.W. Senator, Anmerkungen zu einem Telefonat mit dem britischen Konsul und Herrn Sheringham am 31. Mai 1948, 2. Juni 1948 (hebr.); das Zitat: »Wir schätzen das starke Engagement [...]«, sowie der Brief an den Jerusalemer Militärgouverneur Dov Yosef finden sich ebd., 06/IV/48, Senator an Dr. Leo Kohn, Interimsregierung des Staates Israel, Leiter der politischen Abteilung, 1. Juni 1948, bzw. Senator an den Jerusalemer Militärgouverneur, 1. Juni 1948 (beide hebr.).

Zu den Vorgängen innerhalb des Senates der Universität vgl. HUA, Der Senat, XI. Sitzung (1947/48), 17. Juni 1948, 2, und XII. Sitzung (1947/48), 23. Juni 1948, 3 (beide hebr.).

Waffenruhe

Zu den internationalen Akteuren, die 1948 an der Aushandlung des Status von Jerusalem beteiligt waren: Amitzur Ilan, Bernadotte in Palestine, 1948. A Study in Contemporary Humanitarian Knight-Errantry, London 1989; Elad Ben-Dror/Asaf

Ziedler, Israel, Jordan, and Their Efforts to Frustrate the United Nations Resolutions to Internationalise Jerusalem, in: Diplomacy & Statecraft 26 (2015), H. 4, 636–658; Elad Ben-Dror, How the United Nations Intended to Implement the Partition Plan. The Handbook Drawn Up by the Secretariat for the Members of the United Nations Palestine Commission, in: Middle Eastern Studies 43 (2007), H. 6, 997–1008; Folke Bernadotte, To Jerusalem, aus dem Schwed. von Joan Bulman, Westport, Conn., 1976; Neil Caplan, War and Mediation, in: ders. (Hg.), Futile Diplomacy, 4 Bde., London/New York 1997, hier Bd. 3, 17–33; Michael Joseph Cohen, Palestine and the Great Powers 1945–1948, Princeton, N.J., 1982, 345–390; Pablo de Azcarate, Mission in Palestine, 1948–1952, Washington, D.C., 1966; Nathan A. Pelcovits, The Long Armistice. UN Peacekeeping and the Arab-Israeli Conflict, 1948–1960, Boulder, Col./Oxford 1993; Shlomo Slonim, Jerusalem in America's Foreign Policy, 1947–1997, The Hague/London/Boston, Mass., 1998.

*

Das Zitat: »Wir erklären vor der ganzen Welt, Widerstand zu leisten […]«, entstammt dem Schreiben Eytans an Sharet vom 22. Mai 1948, in: Documents on the Foreign Policy of Israel, Bd. 1, 61 (hebr.); für Ben-Gurions Bekenntnis, »[…] Widerstand zu leisten und zu kämpfen […]«, siehe Israel State Archives (nachfolgend ISA), Protokoll der Kabinettssitzung vom 23. Mai 1948 (hebr.), hier wurde zitiert nach Moshe Arenwald, Siege within a Siege. Mount Scopus in the War of Independence, Jerusalem 2010, 301 (hebr.).

Zu dem einstündigen Gespräch zwischen Bentwich und Zander am 4. Juni 1948 vgl. HUA, 06/IV/48, Zander (British Friends of the Hebrew University of Jerusalem) an Senator, 7. Juni 1948 (engl.); Werner Senators hier zitierte Korrespondenz vom ersten Tag der Waffenruhe findet sich in: ebd., Senator an Leon Simon, 11. Juni 1948 (engl.), und Senator an den Chef der Landeskommandantur, 11. Juni 1948 (hebr.).

Über die erste Begehung von Krankenhaus und Universität nach der Waffenruhe berichten NLI, ARC 4* 793 04 200c, Yoel Leverman, 25. Juni 1948 (hebr.), sowie HUA, 06/IV/48, Bericht über den Besuch von Universität und Hadassa-Krankenhauses am 17. VI. 48 von Dr. D. W. Senator, Verwaltungsleiter der Hebräischen Universität, 17. Juni 1948 (engl.).

Die persönliche Begegnung Senators mit Ben-Gurion und Sharet ist dokumentiert in: ebd., D. W. Senator, Gespräch mit Herrn Ben-Gurion in seinem Haus in Tel Aviv, 20. Juni 1948 (engl.).

Entmilitarisierung

Zur Demilitarisierung des Bergs Scopus: Ludwig Kippes, Der Skopus-Berg in Jerusalem. Ein Beitrag zur Lehre von den Exklaven (unveröffentlichte Diss., Würzburg 1960), 68; Theodor Meron, Demilitarization of Mount Scopus. A Regime that Was, in: Israel Law Review 3 (1968), 501–525; Yfaat Weiss, Sovereignty in Miniature. The Mount Scopus Enclave, 1948–1967 in: Jahrbuch für Europäische Geschichte/European History Yearbook 21 (2020) [2021]: Cultural Sovereignty Beyond the Modern State. Space, Objects, and Media, 38–64. Zu den arabischen Bibliotheken in Jerusalem im Jahr 1948: Gish Amit, Salvage or Plunder? Israel's »Collection« of Private Palestinian Libraries in West Jerusalem, in: Journal of Palestine Studies 40 (2011), H. 4, 6–23; ders., Ownerless Objects? The Story of the Books Palestinians Left Behind in 1948, in: Jerusalem Quarterly 33 (2008), 7–20; Hillel Cohen, The Archive Law, the GSS Law and Public Discourse in Israel, in: Adalah's Review 4 (2004), 45–56; Anna Holzer Kawałko/Enrico Lucca, The Library in Exile. Restoration of the Jewish National and University Library in Jerusalem and Its Book Collection in the Years 1948–1960, in: Yfaat Weiss/Uzi Rebhun (Hgg.), The History of the Hebrew University of Jerusalem, 5 Bde. (hebr.), hier Bd. 5: The Years 1948–1967, Jerusalem (in Vorbereitung); Hannah Mermelstein, Overdue Books. Returning Palestine's »Abandoned Property« of 1948, in: Jerusalem Quarterly 47 (2011), 46–64.

*

Das Dokument zum Entmilitarisierungsabkommen vom 7. Juli befindet sich in den United Nations Archives (nachfolgend UNA), S-0326-003-10, S-0326-003-11, S-3015, Agreement for the Demilitarization of Mount Scopus Area, 7. Juli 1948.

Zu Werner Senators Dank für ein »wichtiges und heroisches Kapitel der ehrenvollen Verteidigung Jerusalems« vgl. HUA, 06/IV/48, Senator an David Shaltiel, 10. Juli 1948 (hebr.); die weiter zitierte Korrespondenz Senators befindet sich ebd.: Senator an Yoel Malchow, 13. Juli 1948; an Dov Yosef, 14. Juli 1948 (beide hebr.); an Colonel Frank Bagley, U.N., Jerusalem, 14. Juli 1948; an Jean Nieuwenhuys, The Chairman. Truce Commission, United Nations, Jerusalem, 14. Juli 1948; an Colonel Nils Brunsson. Senior Observer. Mediator's Jerusalem Group, United Nations, 14. Juli 1948 (alle engl.).

Sein Bericht vom 18. Juli an die Führungsgremien der Universität ist archiviert in: ebd., D. W. Senator, Bericht für Leon Simon, Dr. Magnes und andere, 18. Juli 1948 (engl.).

Für die Zitate aus der Korrespondenz zwischen Senator und Bergmann vgl. NLI, Shmuel Hugo Bergmann Archive, ARC 4* 1502 01 2119, Senator an Bergmann, 15. Juli 1948, und Senator an Bergmann, 5. September 1948, sowie Arc 4* 1502 02 53, Tagebücher 1948–1949, Bergmann an Senator, 26. August 1948 (alle dt.), der letztgenannte Brief mit dem Zitat »Brücken zum arabischen Volk« ist veröffentlicht in: Schmuel Hugo Bergman, Tagebücher und Briefe 1901–1975, hg. von Miriam Sambursky.

Mit einer Einleitung von Nathan Rotenstreich, 2 Bde., hier Bd. 1: 1901–1948, 750 f.

Verwahrlosung

Zur Res nullius im Kontext des internationalen Rechts: Andrew Fitzmaurice, Sovereignty, Property and Empire, 1500–2000, Cambridge 2014, 256–270; Kevin Gray/Susan Francis Gray, The Idea of Property in Land, in: Susan Bright/John K. Dewar (Hgg.), Land Law. Themes and Perspectives, Oxford 1998, 15–51; Michael Kempe/Robert Suter, Einleitung, in: dies. (Hgg.), Res nullius. Zur Genealogie und Aktualität einer Rechtsformel, Berlin 2015, 7–22; Kathryn Milun, The Political Uncommons. The Cross-Cultural Logic of the Global Commons, Farnham/ Burlington 2011, 57–70.

*

Die Eingangsfotografien zu diesem sowie zu den Kapiteln »Privatbesitz« und »Souveränitätspatrouillen« wurden von Micha Bar-Am 1958 aufgenommen. Shulovs Ausführungen: »Aufgrund von Beschädigungen […]«, enthält HUA, A. Shulov, Bericht zum Zustand der Laboratorien der Universität, 27. Juli 1948 (Sitzungen des Exekutivrats, 2; hebr.); ein weiterer Bericht von David Ehrlich zur Situation auf dem Scopusberg findet sich in den IDF Archives (nachfolgend IDFA), Einsatzzentrale/Ḥashmona'i, 74-5254-49, Bericht über das Geschehen in »Hadassa« und der Universität, Bericht von D. Ehrlich (hebr.), er wird hier zitiert nach Moshe Arenwald, Siege within a Siege. Mount Scopus in the War of Independence, Jerusalem 2010, 198 (hebr.).

Die Aufzeichnungen der Hana Harpaz sind überliefert in den CZA, A546/3, Tagebuch von Hana Harpaz, 2. Mai 1948 (hebr.).

Für die Denkschrift Chaim Shalom Halevis vgl. IDFA, 308-1338-1979, H.S. Halevi, Memorandum on Situation on Mount Scopus (Translated), Jerusalem, 11. Oktober 1948; die nachfolgenden Zitate entstammen ebd., Neumond an Yosef, 14. Oktober 1948 (hebr.), bzw. Yosef an Colonel R.T. Carleson, U.S.M.C., Senior U.N. Observer, Y.M.C.Y., Jerusalem, 26. Oktober 1948 (engl.).

Die Drohung Moshe Sharets, »die Juden können diesen Anlass nutzen, um seine Soldateska zu schlagen [...]«, ist dokumentiert in: ISA, Minister M. Sharet in der Kabinettssitzung vom 3. November 1948, 4 (hebr.).

Zur Lage auf dem Scopusberg vgl. NLI, ARC. 4* 793, Box 3349, Ch. Yahalom, Bericht über einen Besuch auf dem Scopusberg, 16.12.1948–4.1.1949, 5. Januar 1949; zu den Bibliothekskatalogen im Besonderen: ebd., ARC. 4* 793 04 200c, Yoel an Sablodwoski, 23. Juni 1948; für den Bericht über mögliche Diebstähle: CZA, J113/7859, S. Chen, Denkschrift zur Lage des Scopusbergs, 3. März 1949; die Dokumentation A. Cherniaks findet sich in: ebd., A. Cherniak an Senator, 13. März 1949, die eines Militärpolizisten in: IDFA, 58-1291-1951, Avivi Tzvi an die Bezirkskommandantur Jerusalem, 30. Oktober 1949; ebd., Bericht über die Lage auf dem Skopusberg, 6.–19. Oktober 1949 (alle hebr.).

Die Berichte von Chaim Halevi finden sich in: CZA, J113/7859, Halevi an Agron und Ladislaus, Denkschrift zur Frage der Bewachung des Scopusbergs, 13. Oktober 1949, sowie ebd., Halevi an Shulov, 21. Juni 1949 (»Alle Bewohner des Scopusbergs [...]« und folgende Zitate; alle hebr.).

Die Räumungsforderung der Mandatsregierung sowie die Zustimmung der Universität zum Umzug des Zoos auf ihr Gelände dokumentieren HUA, 0560 – Zoo – 1947, Shulov an die Leitung der Hebräischen Universität, 9. Februar 1947, bzw. Besprechungsprotokoll Nr. 39, 14. Juli 1947; Zoodirektor Shulov wurde zitiert nach ebd., Shulov an Senator, 18. November 1947, und 0560 – Zoo – 1948, Shulov an die Leitung der Hebräischen Universität, 17. Februar 1948 (hebr.), sowie Jerusalem Municipal Archives (nachfolgend JMA), Box 1821, Shulov an Daniel Auster, 8. Oktober 1948; zum Tierhaus vgl. ebd., A.L. Olicki, Bericht zur Lage des Tierhauses, 17. Februar 1948 (hebr.), zum raschen Bezug des neuen Zoogeländes ebd., Hoffmann an das Armeedepot, 30. Dezember 1948 (alle hebr.).

Macht und Geist

Zum Verständnis des Waffenstillstands in der Rechtsgeschichte: Donald (Dan) Diner, Der Einfluß von Kriegsbegriff und Waffenstillstandsvertrag auf das Kriegsende im modernen Völkerrecht (unveröffentlichte Dissertation, Johann Wolfgang Goethe-Universität Frankfurt a.M. 1973). Zum Feuereinstellungsabkommen und zum Waffenstillstandsabkommen zwischen Israel und Jordanien: Elad Ben-Dror, Ralph Bunche and the 1949 Armistice Agreements Revisited, in: Middle Eastern Studies 56 (2020), H. 2, 274–289; ders., The Armistice Talks between Israel and Jordan, 1949. The View from Rhodes, in: Middle Eastern Studies 48 (2012), H. 6, 879–902; Walter Eitan, The First Ten Years. A Diplomatic History of Israel, New York 1958; Yoav Gelber, Israeli-Jordanian Dialogue, 1948–1953. Cooperation, Conspiracy, or Collusion?, Portland, Ore., 2004, 46–91; Hilde Henriksen Waage, The Winner Takes All. The 1949 Island of Rhodes Armistice Negotiations Revisited, in: Middle East Journal 65 (2011), H. 2, 279–304; Howard S. Levie, The Nature and Scope of the Armistice Agreement, in: American Journal of International Law 50 (1956), H. 4, 880–906; Benny Morris, 1948. A History of the First Arab-Israeli War, New Haven, Conn., 2008, 375–391; Ilan Pappé, The Making of the Arab-Israeli Conflict, 1947–51, London 1992, 180–191; Shabtai Rosenne, Israel's Armistice Agreements with the Arab States.

A Juridical Interpretation, Tel Aviv 1951; Yemima Rosenthal (Hg.), Documents on the Foreign Policy of Israel, 14 Bde., Jerusalem 1983, hier Bd. 3; Aryeh Shalev, The Israel-Syria Armistice Regime, 1949–1955, Boulder, Col., 1994; Avi Shlaim, The Iron Wall. Israel and the Arab World, New York/London 2014, 56–99; ders., Collusion Across the Jordan. King Abdullah, the Zionist Movement, and the Partition of Palestine, Oxford 1988, 339–433. Zu Curt Wormann: Silja Behre, Der Bücherdiplomat. Curt Wormanns Nachlass als Quelle für eine globale Bibliotheksgeschichte, in: Jahrbuch des Dubnow-Instituts/Dubnow Institute Yearbook 17 (2018), 365–393. Zum Status Jerusalems nach dem Waffenstillstandsabkommen und der Verlegung offizieller Institutionen in die Stadt: Uri Bialer, The Road to the Capital. The Establishment of Jerusalem as the Official Seat of the Israeli Government in 1949, in: Studies in Zionism 5 (1984), H. 2, 273–296; Michael Brecher, Jerusalem. Israel's Political Decisions, 1947–1977, in: Middle East Journal 32 (1978), H. 1, 13–34; Motti Golani, Zionism without Zion. The Jerusalem Question, 1947–1949, in: Journal of Israeli History 16 (1995), H. 1, 39–52; Yossi Katz/Yair Paz, The Transfer of Government Ministries to Jerusalem, 1948–49. Continuity or Change in the Zionist Attitude to Jerusalem?, in: Journal of Israeli History 23 (2004), H. 2, 232–259; Ruth Lapidoth, Jerusalem. Some Legal Aspects, in: Marshall J. Breger/Ora Ahimeir (Hgg.), Jerusalem. A City and Its Future, Syracuse, N. Y., 2002, 61–90; Paul Mohn, Jerusalem and the United Nations, in: International Conciliation 28 (1950), 425–474. Zur UN-Resolution 303: Silvio Ferrari, The Holy See and the Postwar Palestine Issue. The Internationalization of Jerusalem and the Protection of the Holy Places, in: International Affairs 60 (1984), H. 2, 261–283; Elihu Lauterpacht, Jerusalem and the Holy Places, London 1968, 27–33; Sally V. Mallison/W. Thomas Mallison, The Jerusalem Problem in Public International Law. Juridical Status and a Start towards Solution, in: Hans Köchler (Hg.), The Legal Aspects of the Palestine Problem. With Special Regard to the Question of Jerusalem, Vienna 1981, 101–103; Evan M. Wilson, The Internationalization of Jerusalem, in: Middle East Journal 23 (1969), H. 1, 1–13; Yearbook of the United Nations, 1948–1949, New York 1950, 335–341.

*

Zur »Wiederaufnahme des regulären Betriebs der kulturellen und humanitären Einrichtungen auf dem Scopusberg [...]« wurde die entsprechende Passage aus dem Waffenstillstandsabkommen zitiert: Hashemite Jordan Kingdom – Israel General Armistice Agreement, 1949, 41 f. (engl.).

Jehuda L. Magnes' Rede zur Eröffnung des Instituts für Jüdische Studien (»Nicht durch Macht [...]«) findet sich in: Addresses by the Chancellor of the Hebrew University, Jerusalem 1936, 8.

Für die Ablehnung einer erneuten Besetzung des Mount Scopus durch Ben-Gurion vgl. Moshe Arenwald, Siege within a Siege. Mount Scopus in the War of Independence, Jerusalem 2010, 339 (hebr.); Werner Senators Brief an Eytan ist archiviert in: ISA/MFA/2444-14, Senator an Walter Eytan, 29. März 1949 (hebr.; Hervorhebungen im Original unterstrichen).

Mosche Dajans Einschätzung bezüglich des Scopusbergs wurde zitiert nach Yair Paz, Political and Symbolic Perspectives on Mount Scopus, 1948–1967, in: Cathedra 163 (2017), 64–104, hier 86; seine Ausführungen gegenüber Neumond sind dokumentiert in: IDFA, 326-1338/1979, Dajan an Neumond, 3. Juli 1949 (beide hebr.).

»Wir werden dort keinem Offizier der Legion Zugang gewähren [...]«, das Zitat findet sich in: ebd., Reinhold an Ramati, 26. Oktober 1949; für das Protokoll der zitierten Sitzung des Kabinetts siehe: ISA, Kabinettssitzung am 19. Juli 1949 (beide hebr.).

»Es ist uns in den vergangenen Monaten nicht gelungen […]«, die hier und nachfolgend zitierten Briefe finden sich in: HUA, 042 Bibliothek, Library in Exile, 1949; Wormann an Senator, 28. September 1949, und NLI, Kurt David Wormann Archive, ARC 4* 1682 20 90, Wormann an Senator, 28. September 1949; das Memorandum in HUA, 042 Bibliothek, Library in Exile, 1949, Wormann an Senator, Denkschrift, September 1949 (hebr.).

Das Zitat von Abba Eban zur »Frage des Scopusbergs« findet sich in: ISA/MFA/2444-14, Eban an Senator, 13. Oktober 1949 (engl.); für den Kabinettsbeschluss zum Status von Jerusalem vgl. Michael Brecher, The Political Struggle over Jerusalem, in: Eli Shaltiel (Hg.), Jerusalem in the Modern Period. Yaacov Herzog Memorial Volume, Jerusalem 1981, 384–417, das Zitat findet sich auf Seite 403 (hebr.).

Fauna

Zur Beteiligung der Hebräischen Universität am Erwerb erbenloser jüdischer Kulturgüter: Elisabeth Gallas, Das Leichenhaus der Bücher. Kulturrestitution und jüdisches Geschichtsdenken nach 1945, Göttingen/Bristol, Conn. 2013, 188–221; Enrico Lucca, A Safe Home for German Jewry. Hugo Bergman, Ozrot ha-Golah, and His Return to Europe, in: Elisabeth Gallas u. a. (Hgg.), Contested Heritage. Jewish Cultural Property after 1945, Göttingen 2020, 103–116; Dov Schidorsky, The Salvaging of Jewish Books in Europe after the Holocaust. The Efforts of the Jewish National and University Library – Success and Failure, in: Regine Dehnel (Hg.), Jüdischer Buchbesitz als Raubgut, Frankfurt a. M. 2006, 197–212; Yfaat Weiss, Von Prag nach Jerusalem. Kulturgüter und Staatswerdung, in: Vierteljahrshefte für Zeitgeschichte 63 (2015), H. 4, 321–346. Zur Frage des israelischen Waffenstillstandsregimes und der Rolle der Ausschüsse: Theodor Meron, Demilitarization of Mount Scopus. A Regime that Was, in: Israel Law Review 3 (1968), 501–525; David Tal, Israel's Armistice Wars, 1949–1956, in: Mordechai Bar-On (Hg.), A Never-Ending Conflict. A Guide to Israeli Military History, Westport, Conn., 2004, 69–86.

*

Der zitierte Bericht einer Inspektion der Bibliothek auf dem Scopusberg vom Januar 1950 befindet sich in: NLI, ARC. 4* 793, Box 3349, Herr Teller, Bericht vom Besuch in den Gebäuden auf dem Scopusberg 4.1 bis 18.1.1950, 24. Januar 1950; die besonderen Schwierigkeiten im Umgang mit der Kartensammlung der Nationalbibliothek beschreibt IDFA, 326-1338/1979, Oberstleutnant Kalman Keith, Stabsoffizier bei der Waffenstillstandskommission, an das Generalstabsbüro, 16. April 1950 (Hervorhebung im Original; beide hebr.).

»Unsere Zustimmung zu so etwas [...]«, das Zitat findet sich in: HUA, 042 Bibliothek, 1950, Y. Sussmann, Denkschrift zur Prüfung von 366 Handschriften, die der Nationalbibliothek durch den Hohen Kommissar der Vereinigten Staaten via Jewish Cultural Reconstruction, Inc. übergeben wurden (die Handschriften von Offenbach), 19. Mai 1950 (hebr.).

Zitiert wurden im Zusammenhang mit der Überführung der Zootiere nach Westjerusalem HUA, 0560 – Zoo – 1950, Aus einem Brief des Zoos von Tel Aviv, Bulletin des Zoos von Jerusalem, Februar/März 1950, 2; für Probleme bei der Beschaffung von Futterfleisch IDFA, 35-108-1952, Y. Eldar, Verein der Freunde des Jerusalemer Zoos, an Generalstabschef Yigal Yadin, Israelische Verteidigungsstreitkräfte, 30. Juli 1950, sowie CZA, J113/7859, P. Chen, Denkschrift zur Sicherheitssituation des Besitzes im Krankenhaus auf dem Scopusberg, 25. Januar 1950; für den Kontakt mit Bewohnern von Issawiya ebd., Schild an die Hadassa-Direktion, 12. April 1950 (alle hebr.).

Zu Eldars Bericht an den israelischen Generalstabschef siehe IDFA, 35-108-1952, Eldar an Yadin, 30. Juli 1950 (hebr.); zur Bilanz nach dem Umzug des Zoos JMA, Box 132, 25-jähriges Jubiläum des Biblischen Zoos Romema-Jerusalem 1950–1975, 9 (hebr.). Im Archiv der Vereinten Nationen findet sich ein Dokument, das höchstwahrscheinlich jene Tiere aufzählt, die überlebt hatten und 1950 nach Westjerusalem transferiert wurden: »Der Zoologische Garten, der einen Löwen, einen Leoparden, zwei Bären, eine Hyäne, zwei Kondore, einen Pfau und einige andere Vögel umfasste, wurde im Juni 1950 in beiderseitigem Einvernehmen nach Israel verlegt, da die Fütterung der Tiere ein schwerwiegendes Problem darstellte.« UNA, S-0362-003-10, The Demilitarized Zone of Mount Scopus – Geographical and Historical Summary, 21. Dezember 1957, 6.

Über die Bitte an Moshe Sharet bezüglich der Rettung der Bibliotheken vom Scopusberg berichtet ISA/MFA/2444-14, Bergmann an Sharet, 29. September 1950; das folgende Zitat von Walter Eytan: »Seit jeher widersetzen wir uns jedem Schritt [...]«, findet sich ebd., Eytan an Bergmann, 12. Oktober 1950 (beide hebr.).

Zu Befürchtungen unter einigen Mitarbeitern äußert sich NLI, ARC. 4* 793 04 200c, c, B. Shochtman an Wormann, 23. Juni 1948; die darauffolgenden Zitate entstammen ebenfalls der Korrespondenz Wormanns: ebd., Wormann an Yoel, 28. Juni 1948; Yoel an Wormann, 30. Juni 1948; Wormann an Yoel, 7. Juli 1948; außerdem NLI, Kurt David Wormann Archive ARC 4* 1682 02 90, Wormann an Senator, 30. Januar 1950 und Senator an Wormann, 2. Februar 1950 (alle hebr.).

Die Beschwerde des Außenministeriums über Yair Oren findet sich in: ISA/MFA/5444-2, Eytan an Brodetsky, 27. Oktober 1950 (hebr.), der Vorschlag Knox Helms und die Erwiderung Hugh Dows in den British Archives (BA), FO 371/91384 EE 1084/2, Knox Helm, British Legation, Tel Aviv, an G.W. Furlonge, Esq., C.M.G., O.B.E., Eastern Department, Foreign Office, London, 17. März 1951 und 12. Mai 1951 (engl.).

Senators »äußerst dringliche[...] Bitte« an Ben-Gurion ist nachzulesen in: IDFA, 326-1338/1979, Senator an Ben-Gurion, 10. Februar 1951; das Schreiben an Moshe Sharet in: HUA, 042 Bibliothek, 1951, Schwabe und Oren an Sharet, 8. Juli 1951; der Bericht aus dem Kabinett in: ISA, Kabinettssitzung, Die Situation der Hebräischen Universität, 5. September 1951, 2 (alle hebr.).

Für die erwähnten Verhandlungen zwischen Israel und Jordanien unter UN-Vermittlung wurde zitiert aus UNA, S-0375-132-05, Marcel Delseries, UNTSO-Hauptquartier, an den UNTSO-Stabschef, Beirut, 4. Oktober 1951, und Marcel Delseries, Addition to the Memo dated 4 Oktober 1951, 5. Oktober 1951 (beide engl.).

Der stellvertretende Generalstabschef Maklef wurde zitiert nach David Tal, Israel's Day-to-Day Security Conception. Its Origins and Development 1949–1956, Sede Boqer 1998, 140 (hebr.); Werner Senators verzweifelter Appell an Sharet und dessen Erwiderung finden sich in: HUA, 042 Bibliothek, 1952, Senator an Sharet, 5. Mai 1952, und Sharet an Senator, 19. Mai 1952 (beide hebr.).

Flora

Zum Studium der Botanik während der Mandatszeit und der Geschichte des Herbariums: o. A., Alexander Eig, 1895–1938, with Bibliography, in: Palestine Journal of Botany (Jerusalem Series) 1 (1938), 114–124; Suembikya Frumin/Mitia Frumin/Ehud Weiss, When Alexander Eig Met Nikolai Ivanovich Vavilov – an Influential Meeting for Israeli Botany, in: Israel Journal of Plant Sciences 66 (2019), 7–18; Frank Leimkugel, Botanischer Zionismus. Otto Warburg (1859–1938) und die Anfänge institutionalisierter Naturwissenschaften in »Erez Israel«, Berlin 2005, 289–291; Hillel Reinhard Oppenheimer,

Geobotanical Research in Palestine 1938–1950, in: Vegetatio 3 (1952), 301–320; Naomi Yuval-Naeh, The Botany Department and the Spatial Question, 1948–1967, in: Weiss/Rebhun (Hgg.), The History of the Hebrew University of Jerusalem, Bd. 5: The Years 1948–1967 (hebr.; in Vorbereitung). Zu den Grenzkriegen zwischen Israel und Jordanien Mitte der 1950er Jahre: Eedson Louis Millard Burns, Between Arab and Israeli, Beirut 1969; Yoav Gelber, Israeli-Jordanian Dialogue, 1948–1953. Cooperation, Conspiracy, or Collusion?, Portland, Ore., 2004, 173–189; Jørgen Jensehaugen/Hilde Henriksen Waage, Coercive Diplomacy. Israel, Transjordan and the UN – a Triangular Drama Revisited, in: British Journal of Middle Eastern Studies 39 (2012), H. 1, 79–100; Benny Morris, Israel's Border Wars, 1949–1956. Arab Infiltration, Israeli Retaliation, and the Countdown to the Suez War, Oxford 1993. Zur Geschichte des Instituts für Orientalistik und dem Erbe von Josef Horovitz: Gudrun Jäger, Orientalistik jenseits aller Nationalismen. Der jüdische Gelehrte Josef Horovitz und sein Verständnis von Annäherung zwischen Judentum und Islam, in: Forschung Frankfurt 3–4 (2004), 80–83; Hava Lazarus-Yafeh, The Transplantation of Islamic Studies from Europe to the Yishuv and Israel, in: Martin Kramer (Hg.), The Jewish Discovery of Islam. Studies in Honor of Bernard Lewis, Tel-Aviv 1999, 249–260, bes. 252 f.; Amit Levy, A Discipline in a Suitcase. The Scientific »Nachlass« of Josef Horovitz, in: Elisabeth Gallas u. a. (Hgg.), Contested Heritage. Jewish Cultural Property after 1945, Göttingen 2020, 118–127; Sabine Mangold-Will, Josef Horovitz und die Gründung des Instituts für Arabische und Islamische Studien an der Hebräischen Universität in Jerusalem. Ein Orientalisches Seminar für Palästina, in: Naharaim 10 (2016), H. 1, 7–37; Menahem Milson, The Beginnings of Arabic and Islamic Studies at the Hebrew University of Jerusalem, in: Judaism. A Journal of Jewish Life & Thought 45 (1996), H. 2, 169–183; Hanan Harif/Amit Levy, »A Complete, Multifaceted Discipline.« The

Debate over the History of Jews in Muslim Lands and Its Teaching at the Institute of Jewish Studies and the School of Oriental Studies, 1948–1955, in: Weiss/Rebhun (Hgg.), The History of the Hebrew University of Jerusalem, Bd. 5 (in Vorbereitung).

*

»Die Würmer sind auch in die geschützten Räume eingedrungen [...]«, das zitierte Schriftstück befindet sich in: HUA, 042 Bibliothek, 1952, Denkschrift, 9. Juni 1952 (hebr.) und wurde der Verwaltung durch A. Reshef vom Sekretariat übermittelt.

Die Äußerungen zu den botanischen Gärten wurden zitiert nach Yair Paz, The Botanical Gardens and the »Garden of the Prophets«. Two Educational Projects in the Early Years of the Hebrew University, in: Hagit Lavsky (Hg.), The History of the Hebrew University of Jerusalem. A Period of Consolidation and Growth, Jerusalem 2005, 443–472, hier 452 (hebr.).

Für die Bemühungen um das Herbarium vgl. folgende Archivalien: IDFA, 326-1338/1979, Ilan an Rosen, Betreff: Überführung des Herbariums vom Scopusberg, 24. August 1953 (hebr.); UNA, S-0375-0132-05, Dr. Naomi Feinbrun, Kustodin des Herbariums, Botanische Abteilung der Hebräischen Universität, Memorandum on the Herbarium of the Hebrew University at Present on Mt. Scopus and Its Scientific Value, undatiert; ISA/MFA/2014/9, Y. Sussmann, Übersicht über die Aktivitäten zur Überführung des Herbariums der Abteilung für Botanik der Hebräischen Universität und eines Leichenkühlschranks der medizinischen Organisation Hadassa Scopusberg, 24. August 1953 (hebr.).

Der zitierte Brief des Botanikers Michael Zohary findet sich in: IDFA, 326-1338/1979, Zohary an Mazar, 25. August 1953 (hebr.).

»Ich habe ihm in aller Deutlichkeit klargemacht [...]«, das Zitat ist zu finden in: ISA/MFA/2014/9, A. Shlush, Botschaft des

Staates Israel in Paris, an die Gesandtschaft Israels bei der UNO, 13. September 1969; zur zoologischen und zur paläontologischen Sammlung vgl. IDFA, 326-1338/1979, Michael Evenari an Y. Tekoah, 5. August 1955; für die Haltung des Außenministers zur Evakuierung der Bücher wurde zitiert aus ebd., Ilan an den Generalsekretär, Betreff: Die Bibliothek und das Herbarium auf dem Scopusberg, undatiert (wohl Mitte Mai 1955; alle hebr.).

Zur Konkordanz der altarabischen Dichtung und zum Umgang mit ihr wurden folgende Quellen genutzt und zitiert: UNA, S-0375-0132-05, S. D. Goitein, The Concordance of Pre-Islamic and Umayyad Arabic Poetry; HUA, Hartog-Commission, Report of the Survey Committee of the Hebrew University of Jerusalem 1934, 21; HUA, 042 Bibliothek, 1955, Prof. G. Witenberg, Abteilung für Parasitologie, an die Universitätsleitung, 6. Oktober 1955 (hebr.).

Der Vorschlag, die historischen Luftaufnahmen heimlich zu bergen, findet sich in: IDFA, 326-1338/1979, Hauptmann Arie Salent, Mitglied der israelischen Delegation in der gemeinsamen israelisch-jordanischen Waffenstillstandskommission, an den Leiter der Geheimdienstabteilung, 16. März 1956; der Vorschlag von Matti Peled ist dokumentiert ebd., Oberst M. Peled, Kommandant der Brigade (Bezirk) 16, an das Zentralkommando/Operationsabteilung, Betreff: Überführung der Bücher und wissenschaftlichen Sammlungen vom Scopusberg, 16. August 1957 (beide hebr.).

Privatbesitz

Zum Dorf Issawiya: Yfaat Weiss, Performing Sovereignty. The Village of Issawiya in the Mount Scopus Demilitarized Zone, 1948–1967, in: Margret Kampmeyer/Cilly Kugelmann (Hgg.), Welcome to Jerusalem, Köln 2017, 172–183. Zu Auguste Viktoria: Jürgen Krüger, Die Auguste Victoria-Stiftung auf dem

Ölberg in Jerusalem. Entstehung und Bedeutung, in: Ulrich Hübner (Hg.), Palästina exploranda. Studien zur Erforschung Palästinas im 19. und 20. Jahrhundert anläßlich des 125-jährigen Bestehens des Deutschen Vereins zur Erforschung Palästinas, Abhandlungen des Deutschen Palästina-Vereins 34, Wiesbaden 2006, 235–249; August Strobel, Die Hand des Herrn auf dem Berge. Texte zur Geschichte der Kaiserin Auguste Victoria-Stiftung, Fürth 1992; Otto Walter, Das Auguste-Victoria-Hospital, in: Michael Trensky (Hg.), Evangelische Himmelfahrtskirche und Hospiz der Kaiserin-Auguste-Victoria-Stiftung auf dem Ölberg in Jerusalem, Hannover 1990, 71–77; Caroline Wenzel, Die Auguste-Victoria-Himmelfahrtkirche auf dem Ölberg in Jerusalem und ihre Instandsetzung und Wiederherrichtung 1988 bis 1993, Karlsruhe 1999.

*

Die Mitschriften zu den beiden erwähnten Anhörungen vor dem Kabinett sind archiviert in: ISA, Kabinettsprotokolle, 6. Sitzung, Besprechung der Regierung am 10. November 1957 (Zitate: 10 und 14f.) sowie 8. Sitzung, Besprechung der Regierung am 24. November 1957 (Zitate: 33, 35 und 37); ebendort finden sich auch Ben-Gurions Worte an Hammarskjöld (11. Sitzung, Besprechung der Regierung am 8. Dezember 1957, 26) sowie Golda Meirs Äußerungen gegenüber dem UN-Beobachter (10. Sitzung, Besprechung der Regierung am 1. Dezember 1957, 9 und 20f.; alle hebr.).

Jordaniens grundsätzliche Auffassung, die Exklave sei »jüdische[r] Privatbesitz«, äußerte Raghib an-Nashashibi am 5. März 1953, hier zitiert nach UNA, S-0326-003-12, A. Leriche, Legal Advisor, UNSTO, Preliminary Study on Certain Aspects of the Mount Scopus Demilitarized Zone, 26. März 1955.

Werner Senators Einschätzung zu den Beziehungen von Universität und dem Dorf Issawiya wurde zitiert nach IDFA,

146-5254-1949, D. W. Senator, Administrator, an David Shaltiel, 16. Juli 1948 (engl.); das Zitat von Leriche: »Was das Dorf Issawiya betrifft [...]«, findet sich in: UNA, S-0326-003-12, Part 6, A. Leriche, Legal Advisor, UNSTO, Preliminary Study on Certain Aspects of the Mount Scopus Demilitarized Zone (Issawiya Village and main Village road to Jerusalem), 26. März 1955.

Die Charakterisierung des Auguste-Viktoria-Hospitals als »Zwitterbau zwischen Kloster und Burg« findet sich bei Krüger, Die Auguste Victoria-Stiftung auf dem Ölberg in Jerusalem, 244.

Souveränitätspatrouillen

Zur Auflösung der Regierung Ben Gurions vor dem Hintergrund der Entsendung Mosche Dajans nach Deutschland: Niels Hansen, Aus dem Schatten der Katastrophe. Die deutsch-israelischen Beziehungen in der Ära Konrad Adenauer und David Ben Gurion. Ein dokumentierter Bericht, Düsseldorf 2002, 482f.; Tom Segev, The Seventh Million. The Israelis and the Holocaust, New York 1993, 302–304; Markus A. Weingardt, Deutsche Israel- und Nahostpolitik. Die Geschichte einer Gratwanderung seit 1949, Frankfurt a. M./New York 2002, 117f.; Yechiam Weitz/Almuth Lessing, Ben-Gurions Weg zum »Anderen Deutschland« 1952–1963, in: Vierteljahrshefte für Zeitgeschichte 48 (2000), H. 2, 255–279, bes. 264–266. Zum Tod von George Flint: Andrew Theobald, Incidents on Mount Scopus. UNTSO Effectiveness and the 1958 Death of Lieutenant Colonel George Flint, in: Middle Eastern Studies 42 (2006), H. 5, 803–817.

*

Die Charakterisierung Francisco Urrutias als »clever, listig, ein exzellenter und ambitionierter Unterhändler« findet sich in: IDFA, 1979-1338-303, Kidron an Meir, 14. Januar 1958 (hebr.);

die in englischer Sprache abgefassten Telegramme mit seinen Berichten an das New Yorker UN-Hauptquartier liegen in den United Nations Archives: UNA, S-0326-001-03, Urrutia an Cordier, 17. Januar 1958, 20:40 Uhr EST; Urrutia an den Generalsekretär, 17. Januar 1958, 21:28 Uhr EST, 31. Dezember 1957, 17:21 Uhr EST, und 6. Januar 1958, 07:42 Uhr EST.

»Sobald sie bei diesem Paragrafen anlangen […]« und »Wir würden lieber das, was hinaufmuss, hinaufschaffen […]«, die Originalzitate finden sich in: ISA, Kabinettsprotokolle, 20. Sitzung, Besprechung der Regierung am 19. Januar 1958, 31 bzw. 27 (hebr.); für die Verhandlungen zwischen der israelischen Außenministerin und dem UN-Sondergesandten vgl. IDFA, 1979-1338-303, Talks between the Foreign Minister, Mrs. Golda Meir, and Dr. Francisco Urrutia, Personal Representative of U.N. Secretary-General, Convened on Tuesday, 31. December 1957, at 3 P.M., at the Foreign Ministry, Jerusalem, Israel (Zitate auf den Seiten 37 und 50), sowie ebd., Talks between Mrs. Golda Meir, Foreign Minister of the State of Israel, and Dr. Urrutia, Special Representative Secretary-General of the United Nations, at the Ministry of Foreign Affairs, Jerusalem, Israel, Monday, 6. January 1958, 5:15 P.M. (Zitat 37). Urrutias Überzeugung, dass »man die Bücher vom Berg herunterholen« könne, belegt ebd., Tekoah an die israelischen Gesandtschaften in New York, London und Paris, 7. Januar 1958 (engl.).

Der Bericht des britischen Botschafters nach seinem Gespräch mit Walter Eytan ist archiviert in: BA, FO 371-134304, VR 1084-32, F.B. A. Rundall, British Embassy Tel Aviv, an R.M. Esq., Foreign Office, London, 24. Januar 1958 (engl.).

Ben-Gurions Äußerung gegenüber Urrutia, »zumindest einen Teil dieser Schätze« evakuieren zu wollen, wurde zitiert nach IDFA, 1979-1338-303, Ben-Gurion an Urrutia, 13. Januar 1958 (engl.).

Für die Ausführungen zum Abtransport der Bücher wurde auf folgende Quellen in den Archiven der Israel Defense Forces zugegriffen: IDFA, 1979-1338-303, Kidron (israelische Gesandtschaft in New York) an das Außenministerium in Jerusalem, 27. Januar 1958 (»[Jordanien] soweit es geht außen vor zu lassen«; »Warum musste von dieser ungeheuren Zahl ausgegangen werden«; »von der Realität entfernt auf einem Hügel«; »Kleinigkeiten«); ebd., 1979-1338-326, Kidron an das Außenministerium in Jerusalem, 29. Januar 1958 (»vor allem alte Bücher [...]«; »der Löwenanteil der Bibliothek«); ebd., Kidron an das Außenministerium in Jerusalem, 30. Januar 1958 (»dank seiner Dummheit oder bösen Absicht«); ebd., Kidron an das Außenministerium in Jerusalem, 4. Februar 1958 (»irregeleitete und irreführende Behandlung«; alle hebr.).

Zitate aus dem Gespräch Francisco Urrutias mit Golda Meir im Januar 1958 und seine Äußerungen zum »Garten Shulamits« wie auch zur Grenzziehung um Issawiya folgen IDFA 1979-1338-326, Gespräche zwischen Meir und F. Urrutia, 6. Januar 1958 (engl.) bzw. Tekoah an Kidron, 16. April 1958 (hebr.).

Epilog

»Was für eine bittere Ironie der Geschichte [...]«, das Zitat ist entnommen HUA, J. L. Magnes, Responsibility. Address Opening the Academic Year 1947–1948, Jerusalem, 29. Oktober 1947, 5; Klausners Vorwürfe an Magnes und Bergmann finden sich in: Joseph Klausner, Mörder eines Ideals, in: Haaretz, 23. Dezember 1929 (hebr.).

Zur Autorin

Yfaat Weiss ist Professorin für Jüdische Geschichte an der Hebräischen Universität Jerusalem. Seit 2017 steht sie dem Leibniz-Institut für jüdische Geschichte und Kultur – Simon Dubnow vor und ist Professorin für Neuere, insbesondere jüdische Geschichte an der Universität Leipzig. Zuvor leitete sie das Franz Rosenzweig Minerva Forschungszentrum für deutsch-jüdische Literatur und Kulturgeschichte (2010–2017) und die School of History (2008–2011) an der Hebräischen Universität Jerusalem sowie das Bucerius Institute for Research of Contemporary German History and Society an der Universität Haifa (2001–2007). Yfaat Weiss hat zur deutschen und zur Geschichte Mitteleuropas sowie zur jüdischen und israelischen Geschichte publiziert und arbeitet insbesondere zu Fragen von Raum, Materialität, Kulturrestitution und Wissensgeschichte. Zu ihren Buchpublikationen zählen: Contested Heritage. Jewish Cultural Property after 1945, Göttingen 2020 (hg. mit Elisabeth Gallas, Anna Holzer-Kawalko und Caroline Jessen); Verdrängte Nachbarn. Wadi Salib und Haifas enteignete Erinnerung, Hamburg 2012; Lea Goldberg. Lehrjahre in Deutschland 1930–1933, Göttingen 2010; Challenging Ethnic Citizenship. German and Israeli Perspectives on Immigration, New York 2002 (hg. mit Daniel Levy); Staatsbürgerschaft und Ethnizität. Deutsche und polnische Juden am Vorabend des Holocaust, München 2000; Schicksalsgemeinschaft im Wandel. Jüdische Erziehung im nationalsozialistischen Deutschland 1933–1938, Hamburg 1991. In Vorbereitung ist der fünfte Band der Geschichte der Hebräischen Universität, der sich mit den Jahren 1948 bis 1967 befasst und den sie zusammen mit Uzi Rebhun herausgibt.